쇼펜하우어의 문장

하루 5분, 마음을 다지는 시간

시민K 엮음

Arthur Schopenhauer

한글 + 영문 + 나만의 사색노트

365일 필사 일력

쇼펜하우어의 문장 365일 필사 일력

하루 5분, 마음을 다지는 시간

초판 발행 2025년 11월 07일
엮은이 시민K
펴낸곳 헤르몬하우스
펴낸이 최영민
인쇄제작 미래피앤피
주소 경기도 파주시 신촌로 16
전화 031-8071-0088
팩스 031-942-8688
전자우편 hermonh@naver.com
출판등록 2015년 3월 27일
등록번호 제406-2015-31호
ISBN 979-11-94085-79-9 (03190)

- 헤르몬하우스는 피앤피북의 임프린트입니다.
- 이 책의 어느 부분도 승인 없이 무단 복제하여 이용할 수 없습니다.

아르투어 쇼펜하우어
Arthur Schopenhauer

아르투어 쇼펜하우어(1788년 2월 22일~1860년 9월 21일)는 독일의 철학자이다. 그는 임마누엘 칸트의 초월적 관념론을 비판적으로 계승해 무신론적 형이상학과 윤리 체계를 전개했으며, 당대 독일 관념론의 낙관주의와는 다른 노선을 걸었다.

쇼펜하우어는 서양 철학자 중 인도 철학을 가장 이른 시기에 긍정적으로 수용한 인물로 평가된다. 금욕주의, 자아 부정, 세계를 환영으로 보는 인도 철학(마야) 등의 사상에 깊은 영향을 받았으며, 그의 철학은 대표적인 '철학적 염세주의'로 분류된다. 생전에는 큰 주목을 받지 못했으나 사후에는 철학, 문학, 심리학, 예술 등 여러 분야에 광범위한 영향을 미쳤다. 그의 미학, 도덕론, 심리학적 통찰은 많은 사상가와 예술가에게 영감을 주었다.

그는 1818년에 출간한 『의지와 표상으로서의 세계』로 잘 알려졌다. 이 책에서 그는 우리가 경험하는 현상 세계를 근원적이고 이성에 매이지 않은 '의지'가 표상으로 드러난 양상으로 설명한다. 그 밖의 저작으로 『의지의 자유에 대하여』, 『자연에서의 의지에 관하여』, 『소품과 부록』 등이 있다.

My Word for Life

"인간은 자신이 원하는 것을 행할 수는 있지만,
자신이 원하는 바를 원할 수는 없다."
『소품과 부록(Parerga und Paralipomena)』
제2권 「격언과 성찰」 중

한 해가 끝나도 질문은 남습니다.
고통은 형태를 바꾸고, 연민은 다시 태어나며,
예술은 또 다른 언어로 말을 겁니다.
오늘도 나는 내가 선택했다고 믿지만 사실은
의지에 이끌린 존재일지 모릅니다.
그러나 그 사실을 깨닫는 순간 의지는
더 이상 나를 지배하지 못합니다.
지혜는 통제가 아니라 자각에서 시작되니까요.

쇼펜하우어 필사 일력

19세기 독일 철학자 아르투어 쇼펜하우어(Arthur Schopenhauer)는 인간 존재의 본질을 '의지'로 규정하며 삶을 고통과 결핍의 연속으로 바라본 사상가입니다. 그러나 그는 동시에 예술과 사색, 연민과 윤리 속에서 우리가 어떻게 그 고통을 견디고 의미를 찾을 수 있는지에 대해서도 깊이 탐구했습니다. 오늘날에도 여전히 많은 독자가 그의 사유에서 자기 삶을 비추는 거울을 발견합니다.

이 일력은 아르투어 쇼펜하우어의 저작 『의지와 표상으로서의 세계』를 중심으로 『의지의 자유에 관하여』, 『도덕의 기초에 관하여』, 『보유와 보강』 등 그의 사상 전반에서 발췌·재해석한 책입니다. 단순한 인용집이 아니라, 원전의 핵심 구절을 현대적 언어로 풀어내고, 일상과 연결할 수 있도록 재구성한 '365일 철학 다이어리'입니다.

Day 31

DECEMBER

삶은 끝없는 순환 속에 있다. 끝맺음은 새로운 시작을 부르는 리듬일 뿐이다.

Life moves in endless cycles. Every ending is but the rhythm calling forth a new beginning.

나에게 묻고, 다짐하기!

어떤 리듬으로 새로운 한 해를 열고 싶나?

이렇게 구성했습니다!

원문을 그대로 옮기기보다, 쇼펜하우어의 사상을 문맥에 따라 2~3줄의 연속된 의미로 정리했습니다. 원전의 직역/해석을 넘어서, 오늘의 삶과 호흡할 수 있도록 문장 톤을 다듬었습니다.

쇼펜하우어의 문장은 번역본마다 어휘·어감이 다르게 옮겨지곤 합니다. 독자들의 이해를 높이고, 조금이라도 영어 공부에 도움이 될 수 있도록 영문 번역을 덧붙였습니다.

한국어+영어를 나란히 따라 쓰다 보면, 표현의 차이를 직접 느끼며 사유의 깊이를 더할 수 있습니다.

또한 쇼펜하우어의 구절과 함께, 스스로에게 묻고 다짐할 수 있는 질문을 붙였습니다. 인용이 단순히 '좋은 말'에 머무르지 않고, 자기 성찰의 출발점이 되도록 설계했습니다.

월별로 **'의지·고독·행복·예술·지혜·관계·자유'** 같은 주제를 정해, 1년 동안 사유가 점진적으로 확장되도록 배열했습니다.

Day 30

DECEMBER

연말의 고요는 결산의 시간이자 다짐의 시간이다. 스스로를 돌아보고 다시 걸음을 내딛을 순간을 준비하라.

The year's end is both a time of reckoning and of resolve. Look back upon yourself, and prepare to step forward again.

 나에게 묻고, 다짐하기!

올 한 해를 어떻게 결산하고 무엇을 새롭게 다짐하고 있나?

이렇게 활용하세요!

매일 한 구절을 읽고 따라 쓰며, 짧지만 깊은 사색의 시간을 일상에 심을 수 있습니다.
거대한 철학 이론을 따로 공부하지 않아도 삶과 자연스럽게 이어지는 사유의 언어를 만날 수 있습니다.
이 책은 단순한 철학 공부가 아니라, 나 자신을 성찰하고 삶의 태도를 재정비하는 실천적 독서가 되도록 안내합니다. 무엇보다 무겁게만 느껴지던 철학이 친근한 일상의 대화처럼 다가올 것입니다.
하루 5분의 투자로 글쓰기 습관 · 명문장 영어 학습 · 나만의 사색 노트라는 세 가지 효과를 체험합니다.
1년 뒤, 당신의 손에는 쇼펜하우어 필사집이자 나만의 철학적 통찰이 담긴 사색 노트가 완성되어 있을 것입니다.

Day 29

DECEMBER

새로움은 기다림 속에서 무르익는다. 기다릴 줄 아는 자만이 더 깊은 시작을 맞는다.

Newness ripens in waiting. Only those who know how to wait can greet a deeper beginning.

나에게 묻고, 다짐하기!

지금 어떤 기다림 속에서 새로운 시작을 준비하고 있나?

JANUARY

1

의지(Will)

삶은 단지 살아가려는 의지의 표현일 뿐이다.
Life is nothing but the expression of the will to live.

쇼펜하우어는 세계의 본질을 '의지'라 했습니다.
새해가 시작되는 1월, 우리의 욕망이 어디로 향하고 의지와 함께 살아간다는 게 무엇인지 생각해 봅니다.

Day 28   DECEMBER

끝을 의식할 때 삶은 더 깊어진다. 유한함을 깨닫는 순간, 이 순간은 무엇과도 바꿀 수 없는 빛을 띤다.

Life deepens when we are aware of its end. The moment we realize its finitude, the present shines with an irreplaceable light.

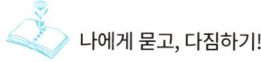 **나에게 묻고, 다짐하기!**

내 삶은 어떤 빛깔인가?

Day 01

JANUARY

세계는 나의 의지다. 당신이 보고, 원하는 것, 그리고 겪는 고통까지도 모두 이 동일한 맹목적 힘의 형태일 뿐이다.

The world is my will. What you see, what you desire, what you suffer, all are but forms of this same blind force.

나에게 묻고, 다짐하기!

내가 마주하는 세계는 내 안의 의지에서 비롯된다. 새해의 첫날, 올해 나를 움직일 힘은 무엇일까?

Day 27

DECEMBER

삶은 완성을 향한 질주가 아니다. 멈추고 돌아보며 배워야만 다음 발걸음이 깊어진다.

Life is not a race toward completion. Only by pausing and reflecting does the next step gain depth.

나에게 묻고, 다짐하기!

잠시 멈춰 돌아봐야 할 때는 언제일까?

Day 02

JANUARY

의지는 결코 안식을 모른다. 채워지지 않는 갈망은 하나가 끝나면 곧 또 다른 욕망을 낳는다. 삶이란 바로 이 끝없는 갈망의 연속이다.

Will knows no rest. Unfulfilled longing gives birth to new desires as soon as one is satisfied. Life itself is nothing but this ceaseless striving.

나에게 묻고, 다짐하기!

내 안에서 멈추지 않고 솟아나는 갈망은 무엇일까?

Day 26

DECEMBER

삶에서 중요한 것은 끝맺음이 아니라 어떻게 끝내는가이다. 좋은 마무리가 다음 길을 밝히는 등불이 된다.

What matters in life is not that things end, but how they end. A good closure becomes the lantern that lights the next road.

나에게 묻고, 다짐하기!

어떻게 하면 지금 하는 일을 더 지혜롭게 마무리할 수 있을까?

Day 03

JANUARY

우리가 소망하는 것은 손에 넣기 전까지만 눈부시다. 그러나 얻는 순간 그 빛은 빠르게 사라지고, 새로운 결핍이 다시 우리를 사로잡는다.

What we long for shines only until we obtain it. The moment it is ours, its light fades swiftly, and a new emptiness takes hold of us once more.

나에게 묻고, 다짐하기!

내가 붙잡았지만 금세 빛을 잃은 것은 무엇이었나?

Day 25 DECEMBER

죽음은 파괴가 아니라 전환이다. 죽음의 문턱에서 삶은 사라지지 않고 다른 형식으로 이어진다.

Death is not destruction but transition. At its threshold, life does not vanish but continues in another form.

나에게 묻고, 다짐하기!

나에게 죽음은 끝일까? 새로운 시작일까?

Day 04

JANUARY

삶은 거대한 시계추와 같다. 그 끝은 언제나 욕망과 좌절 사이를 오가며, 우리는 그 흔들림 속에서 불안하게 살아간다.

Life is like a vast pendulum. Its arc swings always between desire and frustration, and within that motion we live in restless unease.

나에게 묻고, 다짐하기!

오늘의 나는 욕망 쪽에 가까운가? 좌절 쪽에 가까운가? 그 흔들림을 멈추게 할 방법은 무엇일까?

Day 24 DECEMBER

시간은 끝을 향해 흐른다. 그렇기에 오늘 이 순간은 더없이 소중하다.

Time always flows toward its end. That is why each moment of today is infinitely precious.

나에게 묻고, 다짐하기!

오늘 어떤 순간을 소중히 붙잡아야 할까?

Day 05

JANUARY

충족은 언제나 찰나일 뿐이다. 한순간 기쁨을 맛보아도 곧 그 자리는 허무로 바뀌고, 의지는 다시 새로운 대상을 찾아 나선다.

Satisfaction is but a fleeting moment. A brief jcy is soon replaced by emptiness, and the will at once seeks another object of desire.

나에게 묻고, 다짐하기!

나는 지속적인 기쁨을 어디에서 찾고 있나?

Day 23

DECEMBER

후회한다고 시간이 돌아오는 것은 아니다. 하지만 후회 대신 배움을 택하면 과거는 짐이 아니라 자산이 된다.

Regret cannot turn back time. When we learn instead of regret, the past becomes an asset, not a burden.

나에게 묻고, 다짐하기!

과거를 자산으로 바꾸기 위해 무엇을 하고 있나?

Day 06　　　　　　　　　　　　　　　　　　　JANUARY

삶은 본래 고통을 피하려는 몸부림이다. 그러나 피할 수 없는 고통을 마주할 때, 우리는 그 고통을 견뎌내며 비로소 살아간다.

Life is in essence a struggle to escape suffering. Yet when pain cannot be avoided, we endure it–and in that endurance, we truly live.

나에게 묻고, 다짐하기!

피할 수 없는 고통 앞에서 나는 어떤 태도를 취하고 있나?

Day 22   DECEMBER

시간은 누구에게도 멈추지 않는다. 지혜로운 자는 흐르는 시간을 붙잡으려 하지 않고 그 안에서 길을 찾는다.

Time waits for no one. The wise do not cling to its flow but find their way within it.

나에게 묻고, 다짐하기!

지금 시간을 억지로 붙잡으려 하고 있지 않나?

Day 07

JANUARY

의지는 우리를 살게 하는 원천이지만, 동시에 우리를 괴롭히는 고통의 뿌리이기도 하다. 삶은 바로 이 모순 위에 세워져 있다.

Will is the source that gives us life, yet it is also the root of our torment. Life stands upon this very contradiction.

나에게 묻고, 다짐하기!

나를 살아 있게 하는 건 무엇인가?

Day 21

DECEMBER

평정심은 흔들림 없는 상태가 아니다. 흔들림 속에서도 다시 중심을 찾는 힘이다.

Equanimity is not the absence of disturbance. It is the strength to regain center even in the midst of it.

나에게 묻고, 다짐하기!

힘들고 지칠 때, 다시 중심을 찾는 나만의 방법이 있나?

Day 08

JANUARY

우리는 행복을 좇지만, 그것은 의지의 끝없는 미끼일 뿐이다. 충족하는 순간 사라지고 곧 또 다른 욕망이 우리를 몰아세운다.

We pursue happiness, yet it is only a lure of the will. The instant it is attained, it vanishes, and another desire drives us forward again.

나에게 묻고, 다짐하기!

지금 행복이라고 부르는 것은 진짜 행복일까? 아니면 또 다른 욕망의 미끼일까?

Day 20

DECEMBER

인내는 단순히 참고 버티는 것이 아니다. 시간을 아군으로 만드는 능력이다.

Patience is not mere endurance. It is the ability to make time an ally.

나에게 묻고, 다짐하기!

시간을 내편으로 만들기 위해서 무엇을 해야 할까?

Day 09

JANUARY

행복은 언제나 미래에 있는 듯 보이지만 막상 손에 넣으면 허무하게 사라진다. 삶은 이 착각의 되풀이 속에 이어진다.

Happiness always seems to lie ahead, yet when grasped it dissolves into emptiness. Life continues in this endless repetition of illusion.

나에게 묻고, 다짐하기!

지금 어떤 일을 기대하며 살고 있나?

Day 19

DECEMBER

분별없는 선의는 쉽게 소모된다. 지혜로운 마음은 주어야 할 때와 거절해야 할 때를 안다.

Undiscerning kindness is quickly exhausted. A wise heart knows when to give and when to refuse.

나에게 묻고, 다짐하기!

주어야 할 때와 거절해야 할 때를 지혜롭게 구분하고 있나?

Day 10

JANUARY

의지가 채워지지 못할 때 우리는 고통을 느낀다. 그러나 충족된 순간조차 오래 가지 못하고 곧 지루함이라는 또 다른 고통이 찾아온다.

When the will is denied, we feel pain. Yet even when it is satisfied, it lasts not long, and boredom, another form of suffering, soon arrives.

나에게 묻고, 다짐하기!

내가 느끼는 권태의 이유는 무엇일까?

Day 18

DECEMBER

겸허는 자신을 낮추는 것이 아니다. 진실을 있는 그대로 인정하는 태도다.

Humility is not self-belittling. It is the attitude of acknowledging truth as it is.

나에게 묻고, 다짐하기!

나 자신을 있는 그대로 인정하고 있나?

Day 11

JANUARY

삶은 고통과 권태라는 두 벽 사이에서 흔들린다. 한쪽을 피하면 다른 쪽에 부딪히는 것이 인간 존재의 숙명이다.

Life swings between two walls: pain and boredom. To escape one is only to collide with the other, this is the destiny of human existence.

나에게 묻고, 다짐하기!

지금 나는 고통 쪽에 더 가까운가, 권태 쪽에 더 가까운가?

Day 17

DECEMBER

침착함은 위기의 순간에 드러난다. 두려움에 휘둘리지 않는 마음이야말로 가장 큰 무기다.

Composure reveals itself in moments of crisis. A mind unshaken by fear is the greatest weapon.

나에게 묻고, 다짐하기!

두려움에 흔들리지 않기 위해 어떤 노력을 하나?

Day 12

JANUARY

의지는 눈이 멀어 있다. 무엇을 향하는지 알지 못한 채 그저 끝없이 갈망하며 우리를 몰아세운다.

The will is blind. It knows not what it seeks, yet it drives us ceaselessly onward.

나에게 묻고, 다짐하기!

내 안의 맹목적 의지가 지금 나를 어디로 몰아가고 있나?

Day 16   DECEMBER

삶은 강물처럼 흘러간다. 그 흐름에 맞서 싸우기보다 유연하게 몸을 맡길 때 우리는 부서지지 않는다.

Life flows like a river. Rather than fighting its current, we endure unbroken when we move with it.

나에게 묻고, 다짐하기!

내 인생과 싸우고 있나? 아니면 흘러가도록 맡기고 있나?

Day 13

JANUARY

우리는 자유롭게 선택한다고 믿지만 사실 의지의 끊임없는 추동에 이끌릴 뿐이다. 선택조차 의지의 속박 아래 있다.

We believe we choose freely, yet in truth we are driven by the ceaseless impulse of the will. Even choice itself is bound within its chains.

 나에게 묻고, 다짐하기!

내가 내린 선택이 나를 자유롭게 만든 적이 있나?

Day 15   DECEMBER

관용은 약함이 아니라 강함이다. 타인의 결함을 품을 수 있을 때 내 마음 또한 자유로워진다.

Tolerance is not weakness but strength. When we can embrace another's flaws, our own heart is set free.

나에게 묻고, 다짐하기!

누군가의 결함을 품으려 애쓴 적이 있나?

Day 14

JANUARY

삶은 목적을 향해 나아가는 것 같지만 사실 목적은 언제나 이동한다. 우리는 끝없는 맹목의 길 위에 서 있을 뿐이다.

Life seems to move toward a goal, yet the goal forever shifts, and we remain upon an endless path of blindness.

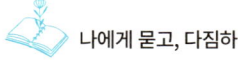
나에게 묻고, 다짐하기!

내가 좇는 목적은 지금도 이동하고 있는가? 그 길 위에서 나는 무엇을 붙잡아야 할까?

Day 14

DECEMBER

행복은 소유가 아니라 태도에 달려 있다. 태도가 바뀌면 같은 삶도 전혀 다른 빛을 띤다.

Happiness depends not on possession but on attitude. When attitude changes, the same life takes on an entirely different light.

나에게 묻고, 다짐하기!

내 삶의 태도는 어떤 빛깔인가?

Day 15 JANUARY

우리는 무엇을 원하는지 안다고 믿지만 사실 그 욕망의 뿌리를 알지 못한다. 의지는 우리보다 깊은 곳에서 우리를 지배한다.

We believe we know what we want, yet the roots of our desires remain hidden. The will governs us from depths beyond our reach.

나에게 묻고, 다짐하기!

욕망의 뿌리는 어디에서 오는 걸까? 나 자신일까? 아니면 의지일까?

Day 13

DECEMBER

삶의 기술은 거창한 이론이 아니다. 작은 일들을 현명하게 처리하는 반복 속에서 길러진다.

The art of life is not a lofty theory. It is cultivated in the repetition of wisely handling small things.

나에게 묻고, 다짐하기!

내가 오늘 지혜롭게 처리해야 할 일은 무엇인가?

Day 16 JANUARY

우리는 늘 무언가를 추구하지만 그 추구가 끝에 무엇을 가져다줄지 알지 못한다. 삶은 끝없는 달리기이자 목적 없는 질주다.

We are always in pursuit, yet never know what the pursuit will bring. Life is an endless race, a run without a final goal.

나에게 묻고, 다짐하기!

나는 무엇을 위해 달리고 있나? 그 끝에 무엇이 있을까?

Day 12

DECEMBER

삶을 간소화할수록 자유는 넓어진다. 불필요한 것들을 덜어낼 때 본질이 드러난다.

The simpler life becomes, the wider freedom grows. When the unnecessary is removed, the essential is revealed.

나에게 묻고, 다짐하기!

내 삶에서 무엇을 덜어내야 나의 진실한 모습이 보일까?

Day 17

JANUARY

의지는 우리를 끊임없이 밀어붙이지만, 그 끝에 기다리는 것은 만족이 아니라 또 다른 결핍이다. 그래서 삶은 채워지지 않는 그릇처럼 허전하다.

The will drives us unceasingly forward, yet at the end awaits not fulfillment but another lack. Thus life feels like a vessel that can never be filled.

나에게 묻고, 다짐하기!

내 삶에서 아무리 채워도 비어 있는 그릇은 무엇인가?

Day 11

DECEMBER

욕망은 충족될수록 더 큰 결핍을 낳는다. 욕망을 쫓는 삶은 끝없는 갈증에 시달리는 삶이다.

Desire, once satisfied, only begets greater lack. To chase desire is to live in perpetual thirst.

나에게 묻고, 다짐하기!

나는 지금 어떤 욕망 때문에 목마름을 느끼고 있나?

Day 18

JANUARY

우리는 자유롭다고 믿지만, 그 믿음조차 의지가 만들어낸 환상일 뿐이다. 의지는 우리를 속이며 우리는 그 속임에 기꺼이 속아 산다.

We think ourselves free, yet even that belief is but an illusion wrought by the will. The will deceives us, and we live willingly in its deception.

나에게 묻고, 다짐하기!

내가 붙들고 있는 자유의 감각은 진짜일까? 아니면 의지가 불러온 환상일까?

Day 10

DECEMBER

비교는 끝없는 불행을 낳는다. 행복은 타인과의 거리가 아니라 나 자신과의 화해에서 시작된다.

Comparison breeds endless misery. Happiness begins not in distance from others, but in reconciliation with oneself.

나에게 묻고, 다짐하기!

나 자신과 화해하기 위해 어떤 노력을 하고 있나?

Day 19

JANUARY

우리는 목적을 선택한다고 말하지만 사실 의지가 우리를 선택한다. 우리의 자율성은 생각보다 훨씬 더 좁다.

We claim to choose our ends, yet in truth the will chooses us. Our autonomy is far narrower than we imagine.

나에게 묻고, 다짐하기!

내가 세운 목적 중 진정으로 내 의지에서 나온 것은 무엇이었나?

Day 09

DECEMBER

자족은 부족함을 참는 것이 아니다. 이미 가진 것에서 충분함을 발견하는 지혜다.

Contentment is not enduring lack, but the wisdom of discovering sufficiency in what is already possessed.

나에게 묻고, 다짐하기!

내가 가진 것에 만족하지 못하고 있나?

Day 20   JANUARY

의지는 우리를 살아가게 하지만 동시에 끊임없이 우리를 소진시킨다. 삶은 힘을 불어넣는 원천이자 그 힘을 갉아먹는 모순이다.

The will makes us live, yet at the same time it consumes us. Life is both the source of strength and the drain of it, a paradɔx at its core.

나에게 묻고, 다짐하기!

내 삶에서 나를 살아 있게 하지만 동시에 나를 갉아먹는 것은 무엇일까?

Day 08

DECEMBER

절제 없는 삶은 곧 자기 파괴다. 진정한 자유는 하고 싶은 것을 다 하는 데 있지 않고, 하지 않아도 되는 힘에 있다.

A life without restraint is self-destruction. True freedom lies not in doing everything one desires, but in having the strength to refrain.

나에게 묻고, 다짐하기!

나에게 절제해야 할 욕망은 무엇일까?

Day 21

JANUARY

우리는 삶을 붙잡으려 몸부림치지만, 그 몸부림이 바로 고통의 원천이 된다. 삶을 원할수록 삶은 더 무겁게 우리를 짓누른다.

We struggle to cling to life, yet that very struggle is the source of our pain. The more we will to live, the heavier life presses upon us.

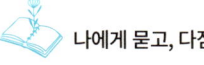 **나에게 묻고, 다짐하기!**

나는 지금 삶을 더 원하고 있나? 아니면 삶의 무게에서 벗어나고 싶은가?

Day 07

DECEMBER

삶의 지혜는 위대한 철학에서만 오지 않는다. 매일의 사소한 선택 속에서 조금씩 쌓여간다.

The wisdom of life does not come only from great philosophy. It is built slowly in the small choices of each day.

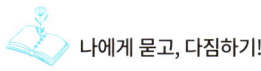 나에게 묻고, 다짐하기!

오늘 내가 선택한 작은 지혜는 무엇인가?

Day 22

JANUARY

의지는 언제나 더 많은 것을 요구한다. 그러나 인간은 유한하여 모든 것을 얻을 수 없다. 바로 이 간극에서 고통이 시작된다.

The will always demands more. Yet man is finite and cannot have all. It is in this very gap that suffering begins.

나에게 묻고, 다짐하기!

내 삶의 고통은 무엇을 원하고 무엇을 얻지 못하는 데서 비롯되나?

Day 06

DECEMBER

평온은 찾아오는 것이 아니라 길러지는 것이다. 그 평온을 가꾸는 습관이 곧 삶의 지혜다.

Peace does not merely arrive; it is cultivated. The habit of nurturing peace is itself the wisdom of life.

나에게 묻고, 다짐하기!

평온을 길러야 한다는 말은 나에게 어떤 삶의 태도를 요구하나?

Day 23

JANUARY

욕망은 무한하지만 충족은 한정되어 있다. 우리는 끝없이 갈망하면서도 결코 완전한 만족에 이르지 못한다.

Desire is infinite, but satisfaction is always limited. Thus we crave endlessly, yet never reach fullness.

나에게 묻고, 다짐하기!

나는 끝없는 욕망 중 무엇을 내려놓아야만 평온해질 수 있을까?

Day 05 DECEMBER

체념은 패배가 아니다. 더 이상 바꿀 수 없는 것에 집착하지 않음으로써 얻는 자유다.

Resignation is not defeat. It is the freedom gained by letting go of what cannot be changed.

나에게 묻고, 다짐하기!

지금 무엇을 놓아야 더 자유로워질 수 있을까?

Day 24

JANUARY

삶이 우리에게 주는 것은 언제나 불충분하다. 그래서 인간은 늘 결핍 속에 살아가며 그 결핍이 곧 삶의 원동력이자 고통의 근원이다.

What life grants us is always insufficient. Thus man lives forever in lack, and this lack is both his driving force and his torment.

나에게 묻고, 다짐하기!

내 안의 결핍은 지금 나를 움직이는 힘일까? 아니면 나를 무너뜨리는 짐일까?

Day 04

DECEMBER

고통을 없앨 수는 없다. 그러나 고통을 이해할 때 그 고통은 더 이상 나를 삼키지 못한다.

Pain cannot be abolished. But once understood, it no longer consumes me.

나에게 묻고, 다짐하기!

나에게 직면한 고통을 어떻게 이해하고 있나?

Day 25

JANUARY

우리는 고통을 피하려 하지만 고통은 언제나 다른 모습으로 되돌아온다. 삶은 고통에서 벗어나려는 시도 자체로 이루어진다.

We strive to escape pain, yet pain always returns in another form. Life itself consists in the attempt to flee from suffering.

나에게 묻고, 다짐하기!

지금 어떤 고통을 피해 달아나고 있는가? 그 고통은 다른 모습으로 돌아오지 않았나?

Day 03 DECEMBER

삶의 기술은 균형을 아는 데 있다. 다시 말해 쾌락과 고통, 성공과 실패를 지나치지 않게 받아들이는 힘이다.

The art of life lies in balance-the strength to accept pleasure and pain, success and failure without excess.

나에게 묻고, 다짐하기!

쾌락과 고통, 성공과 실패를 어떻게 받아들이고 있나?

Day 26

JANUARY

삶의 기쁨은 언제나 잠깐이고 그 사이사이를 채우는 것은 긴 고통이다. 이 불균형이 인간 존재의 운명이다.

The joys of life are always brief, while the intervals are long filled with pain. This imbalance is the fate of human existence.

나에게 묻고, 다짐하기!

지금 내가 붙잡고 있는 순간의 기쁨은 무엇인가? 그 기쁨이 고통보다 오래가도록 하려면 어떻게 해야 할까?

Day 02

DECEMBER

행복은 크지 않아도 된다. 작은 만족이 쌓여 평온을 만들고 그 평온이 곧 삶의 기술이다.

Happiness need not be grand. Small satisfactions build peace, and that peace itself is the art of living.

나에게 묻고, 다짐하기!

오늘 내가 찾을 수 있는 작은 만족은 무엇인가?

Day 27 JANUARY

의지는 우리를 살아 있게 하지만 살아 있는 한 우리는 고통에서 벗어날 수 없다. 삶과 고통은 분리될 수 없는 한 몸이다.

The will keeps us alive, yet as long as we live we cannot be free from pain. Life and suffering are inseparable, bound as one.

나에게 묻고, 다짐하기!

나는 지금 삶과 고통을 떼어놓으려 애쓰고 있지는 않나?

Day 01

DECEMBER

삶에서 가장 큰 불행은 기대가 무너질 때 찾아온다. 따라서 지혜로운 사람은 지나친 기대 대신 담담한 수용을 배운다.

The greatest misery in life comes when expectations collapse. Thus the wise learn calm acceptance instead of excessive hope.

나에게 묻고, 다짐하기!

어떤 기대가 내 자신을 더 힘들게 하고 있나?

Day 28

JANUARY

우리는 살기를 원하기에 고통받는다. 삶을 원하지 않는다면 고통도 없을 것이다. 그러나 의지는 우리를 절대 놓아주지 않는다.

Because we will to live, we suffer. If we did not will life, there would be no pain. But the will never releases us from its grasp.

나에게 묻고, 다짐하기!

지금 무언가를 더 원하면서 더 고통받고 있지 않나? 내가 더 원하는 건 무엇일까?

DECEMBER

12

삶의 기술(Practical Life & Resignation)

매우 불행해지지 않는 가장 안전한 길은 매우 행복해지리라 기대하지 않는 것이다.
The safest way of not being very miserable is not to expect to be very happy.

쇼펜하우어가 남긴 삶의 지혜는 견디는 법에 있습니다. 한 해의 끝나는 12월, 체념이 패배가 아니라 평온함으로 가는 길임을 새겨봅니다.

Day 29　　　　　　　　　　　　　　　　　　　JANUARY

삶은 의지의 맹목적 힘에 붙잡혀 있다. 우리는 그것을 이해할 수 없으면서도 그 힘에서 벗어날 수도 없다.

Life is held by the blind force of the will. We cannot comprehend it, nor can we escape from its grasp.

나에게 묻고, 다짐하기!

내가 이해하지 못하면서도 벗어날 수 없는 힘은 무엇인가?

Day 30

NOVEMBER

구원의 끝은 곧 영원의 시작이다. 모든 고통이 사라진 자리에 남는 것은 평화뿐이다.

The end of salvation is the beginning of eternity. Where all suffering disappears, only peace remains.

나에게 묻고, 다짐하기!

내 안에 간직하고 싶은 평화는 어떤 모습인가?

Day 30

JANUARY

삶의 모순은 이렇다. 살기를 원할수록 고통은 커지고 고통을 피하려 할수록 삶은 공허해진다.

Such is the paradox of life. The more we will to live, the greater the suffering. The more we flee suffering, the emptier life becomes.

나에게 묻고, 다짐하기!

지금 '삶을 더 원하기'와 '고통을 피하기' 사이 어디쯤에 있나?

Day 29

NOVEMBER

구원은 종착지가 아니라 여정이다. 한 걸음 내딛을 때마다 우리는 끊임없이 구원 속으로 들어간다.

Salvation is not a destination but a journey. With every step forward, we enter salvation again and again.

나에게 묻고, 다짐하기!

지금 구원의 여정을 걷고 있나?

Day 31

JANUARY

세계는 의지의 전장이며 모든 존재는 그 맹목적 투쟁의 일부다. 우리는 그 안에서 살고 그 안에서 소멸한다.

The world is the battlefield of the will, and every being is a fragment of its blind struggle. We live within it, and within it we perish.

나에게 묻고, 다짐하기!

새해의 한 달을 마무리하며, 나는 지금 어떤 투쟁 속에 서 있나? 그 투쟁이 내 삶을 어디로 이끌까?

Day 28

NOVEMBER

구원은 먼 하늘에 있는 약속이 아니다. 삶의 매 순간 속에서 영원의 숨결을 들을 때 우리는 이미 구원 안에 있다.

Salvation is not only a promise in the distant sky. When we hear eternity breathing in every moment of life, we are already within salvation.

나에게 묻고, 다짐하기!

나는 어떤 순간 영원의 숨결을 느낄 수 있을까?

FEBRUARY
2

고독과 자아(Solitude & Self)

사람은 혼자 있을 때만 비로소 자아일 수 있다.
A man can be himself only so long as he is alone.

타인의 시선에서 벗어난 순간 비로소 드러나는 자아.
가장 짧고도 깊은 2월, 내 안의 진짜 나를 마주하는 시간을 가져
봅니다.

Day 27 NOVEMBER

구원은 억압으로부터의 자유이자 의지로부터의 자유다. 영혼은 자유 속에서만 참된 평화를 얻는다.

Salvation is freedom not only from oppression, but also from the will itself. Only in freedom does the soul find true peace.

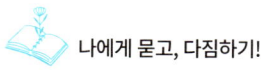 나에게 묻고, 다짐하기!

나의 자유를 억압하는 의지나 욕망은 무엇인가?

Day 01

FEBRUARY

군중 속에서 우리는 언제나 가면을 쓰고 있다. 그러나 혼자일 때 비로소 그 가면을 벗고 자기 자신으로 존재할 수 있다.

In the crowd we always wear a mask. Only in solitude can we remove it and truly exist as ourselves.

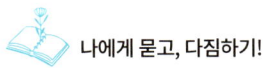 **나에게 묻고, 다짐하기!**

나는 언제 가장 진정한 자기 자신이 될 수 있나?

Day 26

NOVEMBER

구원의 빛은 멀리 있지 않다. 그 빛은 이미 내 안에서 타오르고 있으며 내가 눈을 돌릴 때 비로소 드러난다.

The light of salvation is not far away. It already burns within me, revealed when I turn my gaze toward it.

나에게 묻고, 다짐하기!

지금 어디에 시선을 두느라 내 안의 빛을 보지 못하고 있나?

Day 02 FEBRUARY

혼자 있는 시간은 외로움이 아니라 타인의 소음에서 벗어나 나를 회복하는 순간이다. 고독은 자아가 숨 쉬는 공간이다.

Solitude is not loneliness, but the moment we recover ourselves from the noise of others. It is the space where the self breathes.

나에게 묻고, 다짐하기!

내 안의 자아가 숨 쉴 공간을 얼마나 마련해 주고 있나?

Day 25

NOVEMBER

구원은 무거운 의무가 아니라 심오한 기쁨이다. 자유 속에서 피어나는 그 기쁨이야말로 삶을 새롭게 한다.

Salvation is not a heavy duty but a profound joy. It is this joy blossoming in freedom that renews life.

나에게 묻고, 다짐하기!

나는 무엇을 통해 진정한 기쁨을 느끼나?

Day 03

FEBRUARY

고독을 두려워하는 사람은 자기 자신과 함께하는 것을 두려워하는 사람이다. 자신을 외면하는 한 결코 자유로울 수 없다.

He who fears solitude is one who fears to be with himself. So long as he turns away from himself, he can never be free.

나에게 묻고, 다짐하기!

고독이 두려운가? 아니면 오히려 고독 속에서 자유를 느끼는가?

Day 24

NOVEMBER

구원은 고립이 아니라 연대다. 타인의 손을 잡고 함께 걷는 순간 우리는 이미 구원의 길 위에 있다.

Salvation is not isolation but solidarity. When we hold another's hand and walk together, we are already on the path of salvation.

나에게 묻고, 다짐하기!

지금 나는 누구와 함께 걸어야 할까?

Day 04

FEBRUARY

타인 속에서 사는 사람은 언제나 비교와 타인의 시선에 얽매인다. 혼자일 때 비로소 그 굴레에서 벗어난다.

He who lives always among others is bound by comparison and by their gaze. Only alone can he be free from these chains.

나에게 묻고, 다짐하기!

나는 누구와 자신을 비교하며 괴로워하나? 그 비교는 내게 어떤 상처를 주나?

Day 23　　　　　　　　　　　　　　　　　NOVEMBER

구원은 나만을 위한 선물이 아니다. 그 빛을 받은 자는 다시 다른 이에게 그 빛을 건네야 한다.

Salvation is not a gift kept for oneself. Those who receive its light must hand it on to others.

나에게 묻고, 다짐하기!

내게 주어진 감사의 선물을 누구와 나누어야 할까?

Day 05

FEBRUARY

자신과 화해하지 못한 사람은 혼자 있을 때 가장 괴로워한다. 고독은 우리에게 자기 수용의 거울을 들이민다.

He who has not reconciled with himself suffers most when alone. Solitude holds up the mirror of self-acceptance.

나에게 묻고, 다짐하기!

나 자신과 충분히 화해했나? 그렇지 않다면 무엇이 나 자신을 방해하고 있나?

Day 22

NOVEMBER

구원은 새로운 삶의 시작이다. 그 시작은 놀라운 기적이 아니라 하루를 감사로 맞이하는 작은 태도에서 온다.

Salvation is the beginning of a new life. It comes not as a dazzling miracle, but as the simple attitude of greeting each day with gratitude.

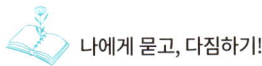 나에게 묻고, 다짐하기!

오늘 내가 감사해야 할 건 무엇인가?

Day 06   FEBRUARY

고독은 창조의 어머니이자 사유의 가장 비옥한 토양이다. 위대한 정신은 언제나 홀로 있을 때 자라난다.

Solitude is the mother of creation, the most fertile soil for thought. Great minds have always grown in their solitude.

나에게 묻고, 다짐하기!

나의 사유와 창조는 고독 속에서 어떤 열매를 맺을 수 있을까?

Day 21

NOVEMBER

궁극의 구원은 말이 멈추는 곳에서 온다. 모든 개념과 설명이 사라질 때 남는 것은 침묵과 평화뿐이다.

The ultimate salvation comes where words cease. When all concepts and explanations fall away, only silence and peace remain.

나에게 묻고, 다짐하기!

말과 설명이 사라진 자리에서 내가 마주하고 싶은 것은 무엇인가?

Day 07

FEBRUARY

고독 속에서 우리는 더 이상 역할이 아니라 존재가 된다. 타인의 기대가 사라진 자리에서 나는 나로서 처음 선다.

In solitude we cease to be roles and become existence. Where the expectations of others fall away, I stand at last as myself.

나에게 묻고, 다짐하기!

지금 어떤 역할로 살고 있나? 그 역할이 사라지면 나는 어떤 존재로 남게 될까?

Day 20 NOVEMBER

인간은 스스로를 구원할 수 없다고 느낄 때 비로소 구원을 구한다. 절망의 끝에서 열리는 문, 그곳이 은총의 자리다.

Only when man feels he cannot save himself does he seek salvation. At the end of despair, a door opens–there lies the place of grace.

나에게 묻고, 다짐하기!

스스로를 구원하려 애쓰다 지쳐버린 경험이 있나?

Day 08

FEBRUARY

군중 속의 자유는 허상이다. 진짜 자유는 혼자일 때, 타인의 눈에서 벗어날 때 시작된다.

Freedom in the crowd is an illusion. True freedom begins only in solitude, when we are free from the eyes of others.

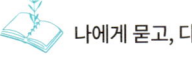 **나에게 묻고, 다짐하기!**

나는 언제 진짜 자유를 느끼나? 그 순간은 혼자일 때였나? 아니면 타인과 함께할 때였나?

Day 19 NOVEMBER

사랑은 구원의 가장 분명한 징표다. 자기 자신을 넘어 타인을 품을 때 우리는 이미 구원 속에 들어와 있다.

Love is the clearest sign of salvation. When we go beyond ourselves to embrace another, we are already within salvation.

나에게 묻고, 다짐하기!

지금 누구를 더 깊이 사랑하며 품어야 할까?

Day 09　　　　　　　　　　　　　　　　　　FEBRUARY

고독은 우리를 두렵게 만들지만 그 두려움 속에서만 스스로와 대화할 용기가 자란다.

Solitude makes us afraid, yet only within that fear does the courage to converse with ourselves arise.

나에게 묻고, 다짐하기!

혼자 있으면 두려워지는 순간, 나는 무엇을 통해 나 자신과 대화할 수 있을까?

Day 18 NOVEMBER

진리는 교리의 조문에 갇히지 않는다. 진정한 진리는 영혼을 자유롭게 하며 우리를 구원으로 이끈다.

Truth is not confined within the articles of creed. True truth frees the soul and leads us toward salvation.

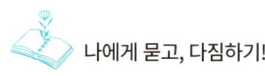 나에게 묻고, 다짐하기!

내 영혼을 구속하는 규범은 무엇인가?

Day 10

FEBRUARY

사유는 고독 속에서 가장 깊어진다. 타인의 목소리가 사라질 때 비로소 내 생각이 들리기 때문이다.

Thought deepens most in solitude. When the voices of others fall silent, at last we can hear our own.

나에게 묻고, 다짐하기!

타인의 목소리를 잠시 차단한 채, 내 생각만을 들은 적이 있었나?

Day 17

NOVEMBER

구원은 나를 억누르던 굴레가 풀릴 때 시작된다. 자유는 외부의 선물이 아니라 내 안에서 솟아오르는 해방이다.

Salvation begins when the yoke that pressed me down is loosed. Freedom is not a gift from outside, but a liberation rising from within.

나에게 묻고, 다짐하기!

자유를 옭아매고 있는 건 무엇인가?

Day 11

FEBRUARY

외로움은 단절이지만 고독은 자기와의 연결이다. 그 차이를 아는 순간 혼자는 더 이상 공허하지 않다.

Loneliness is disconnection, but solitude is connection with oneself. Once we know the difference, being alone is no longer empty.

나에게 묻고, 다짐하기!

지금 외로움 속에 있는지 고독 속에 있는지, 그 차이를 분명히 느낀 적이 있나?

Day 16 NOVEMBER

희망은 미래에서 오는 것이 아니다. 지금 이 순간을 다른 눈으로 볼 때, 그 순간 안에서 피어나는 것이다.

Hope does not come from the future. It blossoms in the very moment when we learn to see differently.

나에게 묻고, 다짐하기!

이 순간 어떤 눈으로 세상을 바라보고 있나?

Day 12 FEBRUARY

혼자 있는 법을 배우지 못한 자는 결코 타인과도 온전히 함께할 수 없다. 자기와 화해하지 못하면 누구와도 화해할 수 없다.

He who has not learned to be alone can never truly be with others. Without reconciliation with oneself, there can be none with anyone.

나에게 묻고, 다짐하기!

내 결점을 받아들이고 있는가? 내 결점이 타인과의 관계에 어떤 영향을 미치고 있는가?

Day 15　　　　　　　　　　　　　　　　NOVEMBER

구원은 단번에 주어지는 기적이 아니다. 고통의 무게를 온전히 통과한 뒤에야 비로소 드러나는 은총이다.

Salvation is not a miracle granted in an instant. It is grace revealed only after passing fully through the weight of suffering.

나에게 묻고, 다짐하기!

고통을 통과한 뒤 어떤 깨달음이나 선물을 얻은 적이 있나?

Day 13

FEBRUARY

고독 속에서 우리는 타인의 기대를 벗는다. 그때 비로소 나는 내가 원하는 나로서 존재할 수 있다.

In solitude we cast off the expectations of others. Only then can I exist as the self I truly wish to be.

나에게 묻고, 다짐하기!

지금 타인의 기대에 맞추어 살고 있는가? 기대가 사라진다면 나는 어떤 모습일까?

Day 14 NOVEMBER

구원은 멀리 있는 빛이 아니라 어둠을 뚫고 스스로 발견한 빛이다.

Salvation is not a distant light, but the light discovered through one's own darkness.

나에게 묻고, 다짐하기!

나만의 빛을 발견하기 위해 어떤 노력을 하고 있나?

Day 14

FEBRUARY

사람들 사이에서는 늘 가면을 쓰고 있지만 혼자일 따 그 가면은 떨어져 나간다. 그 순간 비로소 자아가 얼굴을 드러낸다.

Among people we always wear a mask, yet in solitude the mask falls away. In that moment, the self reveals its true face.

나에게 묻고, 다짐하기!

내가 쓰고 있는 가장 무거운 가면은 무엇인가? 그것을 벗으면 남는 진짜 나는 누구일까?

Day 13 NOVEMBER

침묵은 구원의 언어다. 말이 멈출 때 비로소 영원의 음성이 들린다.

Silence is the language of salvation. When words cease, the voice of eternity is heard.

나에게 묻고, 다짐하기!

침묵 속에서 어떤 목소리를 듣고 싶나?

Day 15

FEBRUARY

고독은 우리에게 침묵을 강요하지만, 그 침묵 속에서 가장 깊은 생각이 자라난다. 혼자 있을 때 정신은 비로소 창조적이 된다.

Solitude imposes silence upon us, yet in that silence the deepest thoughts arise. Only when alone does the mind become truly creative.

나에게 묻고, 다짐하기!

내가 마지막으로 혼자만의 침묵 속에서 떠올린 생각은 무엇인가?

Day 12

NOVEMBER

구원은 굴레가 아니라 자유다. 그 어떤 교리도, 의무도 자유를 대신할 수 없다.

Salvation is not a yoke but freedom. No creed or duty can substitute for freedom.

나에게 묻고, 다짐하기!

내 안의 자유를 억압하는 신념이나 규범이 있나?

Day 16

FEBRUARY

위대한 정신은 언제나 홀로 걸어간다. 고독 속에서만 자신을 잃지 않고 타인의 소음에 휘둘리지 않는다.

Great minds always walk alone. Only in solitude do they remain themselves, unshaken by the noise of others.

나에게 묻고, 다짐하기!

타인의 소음에 휘둘려 내 생각을 잃은 적이 있나?

Day 11 NOVEMBER

절망은 끝이 아니다. 그 자리에 은총이 스며들어 새 희망을 싹틔운다.

Despair is not the end. Grace seeps in there, and new hope begins to grow.

나에게 묻고, 다짐하기!

절망 속에서 어떤 은총을 경험한 적이 있나?

Day 17

FEBRUARY

혼자 있는 법을 배운 사람만이 자신의 내면과 화해할 수 있다. 고독은 자기 수용의 학교다.

Only he who has learned to be alone can reconcile with his inner self. Solitude is the school of self-acceptance.

나에게 묻고, 다짐하기!

내 결점을 어떻게 받아들이고 있나? 그 태도가 고독 속에서 달라지지 않는가?

Day 10

NOVEMBER

구원의 길은 외부에서 주어지지 않는다. 스스로 찾고 걸어가야 하는 내면의 길이다.

The path of salvation is not given from without. It is an inner road one must seek and walk alone.

나에게 묻고, 다짐하기!

나는 어떻게 내면의 길을 찾고 있나?

Day 18

FEBRUARY

고독은 우리를 단련시킨다. 외부의 의지에 기댈 수 없을 때 비로소 우리는 자기 힘으로 서는 법을 배운다.

Solitude disciplines us. When no will outside can sustain us, we learn at last to stand upon our own strength.

나에게 묻고, 다짐하기!

지금 나 자신만의 힘으로 서고 있는가? 아니면 여전히 타인에게 기대고 있는가?

Day 09

NOVEMBER

경건은 두려움이 아니라 깨어 있음이다. 삶의 매 순간을 신성으로 맞이하는 태도다.

Reverence is not fear but wakefulness. It is meeting each moment of life as sacred.

나에게 묻고, 다짐하기!

매 순간을 경건하게 하기 위해 어떤 노력을 하고 있나?

Day 19   FEBRUARY

고독은 두려움이 아니라 선물이다. 그 안에서만 우리는 진짜 나를 발견하고 내적 자유를 얻는다.

Solitude is not fear but a gift. Only within it do we discover our true selves and gain inner freedom.

나에게 묻고, 다짐하기!

고독을 두려움으로만 보는가? 아니면 선물로 받아들여 본 적이 있는가?

Day 08

NOVEMBER

죄는 인간이 만든 족쇄다. 용서는 그 족쇄를 풀어내는 구원의 열쇠다.

Sin is the shackle forged by man. Forgiveness is the key of salvation that sets us free.

나에게 묻고, 다짐하기!

나 자신을 어떤 죄책감에 묶어두고 있나?

Day 20

FEBRUARY

혼자 있을 때 비로소 우리는 진실하다. 고독 속에서야 거짓된 역할이 벗겨지고 자아의 본모습이 드러난다.

Only in being alone are we truthful. In solitude the false roles fall away, and the true form of the self is revealed.

나에게 묻고, 다짐하기!

내가 지금 쓰고 있는 가장 큰 가면은 무엇인가? 그 가면이 사라지면 나는 어떤 모습일까?

Day 07 NOVEMBER

안식은 구원의 열매다. 마침내 흔들리지 않는 평온 속에서 우리는 자기 자신을 회복한다.

Rest is the fruit of salvation. In unshakable peace, at last, we recover ourselves.

나에게 묻고, 다짐하기!

내가 진정 원하는 평온은 어떤 모습인가?

Day 21

FEBRUARY

고독은 도피가 아니다. 그것은 자기 자신과 마주할 용기이며 세상과 새로운 방식으로 연결되는 출발점이다.

Solitude is not escape. It is the courage to face oneself, and the beginning of a new connection with the world.

나에게 묻고, 다짐하기!

지금 고독을 회피 도구로 쓰고 있는가? 아니면 새로운 일을 시작하는 발판으로 삼고 있는가?

Day 06

NOVEMBER

신은 밖에서 오는 것이 아니라 우리 안에서 깨어난다. 구원은 내면의 눈을 뜨는 일이다.

God does not come from outside but awakens within. Salvation is the opening of the inner eye.

나에게 묻고, 다짐하기!

나를 구원으로 이끌 내 마음속 진실은 무엇인가?

Day 22

FEBRUARY

고독은 우리를 침묵 속에 세운다. 그러나 그 침묵은 공허가 아니라 내면의 목소리를 들려주는 가장 깊은 울림이다.

Solitude places us in silence. Yet that silence is not emptiness, but the deepest resonance of our inner voice.

나에게 묻고, 다짐하기!

침묵 속에서 내면의 목소리를 들은 적이 있나?

Day 05

NOVEMBER

의지를 부정한다는 것은 삶을 버린다는 뜻이 아니다. 그것은 집착을 놓고 자유를 얻는 길이다.

To deny the will is not to abandon life. It is to let go of clinging and to gain freedom.

나에게 묻고, 다짐하기!

나는 어떤 집착 때문에 자유를 누리지 못하고 있나?

Day 23 FEBRUARY

혼자 있는 시간은 낭비가 아니다. 그것은 정신이 스스로를 단련하는 시간이며 삶의 방향을 새롭게 세우는 순간이다.

Time spent alone is not wasted. It is when the mind disciplines itself and resets the course of life.

나에게 묻고, 다짐하기!

혼자만의 시간은 나를 어떻게 단련시키고 있나?

Day 04

NOVEMBER

구원은 죽음 이후의 약속만이 아니다. 삶을 견디는 지금 이 순간에도 구원은 드러난다.

Salvation is not only a promise after death. It reveals itself even now, in the endurance of life.

나에게 묻고, 다짐하기!

오늘 내가 일상에서 발견할 수 있는 작은 구원은 무엇일까?

Day 24

FEBRUARY

고독은 우리를 의존으로부터 해방한다. 아무에게도 기대지 않을 때 우리는 비로소 자율적인 존재가 된다.

Solitude frees us from dependence. When we lean on no one, we at last become autonomous beings.

나에게 묻고, 다짐하기!

지금 누구에게 가장 많이 의존하고 있나? 그 의존을 줄이면 어떤 자유가 찾아올까?

Day 03　　　　　　　　　　　　　NOVEMBER

종교의 본질은 위로가 아니라 초월이다. 고통을 잊게 하는 것이 아니라 고통을 넘어서는 것이다.

The essence of religion is not comfort, but transcendence. It does not erase suffering; it rises beyond it.

나에게 묻고, 다짐하기!

나를 제 자리에 멈추게 한 고통은 무엇인가?

Day 25　　　　　　　　　　　　　　　　FEBRUARY

고독 속에서는 외부의 소음이 사라지고 우리는 자기 사유의 깊은 샘에 닿는다. 그곳에서 길어 올린 생각은 가장 순수하다.

In solitude the noise of the world falls away, and we reach the deep well of our own thought. From there, the purest reflections are drawn.

나에게 묻고, 다짐하기!

외부의 소음 없이 나만의 깊은 사유의 시간을 가져본 적이 있나?

Day 02 NOVEMBER

믿음은 증명이 아니라 내맡김이다. 세상에 대한 불신을 넘어 초월적 상태에 나를 내맡기는 것이다.

Faith is not proof, but surrender. It is handing myself over to the transcendent beyond all distrust of the world.

나에게 묻고, 다짐하기!

일상에서 무엇을 내려놓지 못하고 있나?

Day 26

FEBRUARY

혼자일 때 우리는 비로소 완전히 자기를 소유한다. 자아의 중심을 타인에게 내어주지 않을 때 우리는 가장 단단해진다.

Only in being alone do we truly possess ourselves. When we no longer hand over our center to others, we become most unshakable.

나에게 묻고, 다짐하기!

언제 내 중심을 잃고 타인에게 흔들렸나? 그 중심을 다시 되찾으려면 무엇이 필요할까?

Day 01

NOVEMBER

구원은 고통의 끝에서 피어나는 희망이다. 그 희망이 없다면 종교도, 믿음도 시작되지 않는다.

Salvation blossoms at the end of suffering. Without that hope, neither religion nor faith begins.

나에게 묻고, 다짐하기!

현실에서 고통을 느낄 때 나를 붙잡아주는 것은 무엇인가?

Day 27

FEBRUARY

고독은 삶의 공백이 아니라 내적 풍요가 자라나는 토양이다. 그 고요함 속에서 영혼은 가장 충만해진다.

Solitude is not a void in life, but the soil where inner richness grows. In that stillness, the soul becomes fullest.

나에게 묻고, 다짐하기!

나는 고독을 공허로만 보았나? 아니면 풍요의 토양으로 경험한 적이 있나?

NOVEMBER
11

종교와 구원 (Religion & Salvation)

구원은 살아가려는 의지의 부정 속에 있다.
Salvation lies in the denial of the will-to-live.

삶의 무게가 감당되지 않을 때 인간은 종교와 초월의 언어를 찾습니다.
바람이 차가워지는 11월, 인간의 고통을 넘어서는 구원이 가능한지 질문해 봅니다.

Day 28

FEBRUARY

혼자일 때 우리는 비로소 자기 자신이 된다. 고독은 우리에게 주어진 형벌이 아니라 자아를 완성하는 은총이다.

Only when alone do we become ourselves. Solitude is not a punishment laid upon us, but a grace that completes the self.

나에게 묻고, 다짐하기!

지금 고독을 형벌로 여기고 있는가? 아니면 내 삶을 완성하는 은총으로 받아들이고 있는가?

Day 31 OCTOBER

죽음은 끝이 아니라 영원을 비추는 창이다. 그 문턱에서 우리는 삶의 한계와 동시에 영원의 빛을 마주한다.

Death is not the end, but a window to eternity. At its threshold, we behold both the limits of life and the light of eternity.

나에게 묻고, 다짐하기!

내가 죽음 앞에서 마주하고 싶은 영원의 빛은 무엇인가?

MARCH
3

행복과 불행 (Happiness & Suffering)

인간의 행복을 가로막는 두 적은 고통고- 권태다.
The two enemies of human happiness are pain and boredom.

쇼펜하우어는 행복은 짧고 고통과 권태는 길다고 말했습니다. 봄이 시작되는 3월, 행복을 가로막는 원인은 무엇이고 그 사이 스치는 행복의 순간을 어떻게 붙잡을 수 있을지 생각해 봅니다.

Day 30

OCTOBER

삶의 마지막 순간은 진실을 가린 모든 허상을 벗겨낸다. 그때 남는 것은 사랑과 본질뿐이다.

The final moment of life strips away every illusion, leaving only love and essence behind.

나에게 묻고, 다짐하기!

내 인생의 '본질'은 무엇인가?

Day 01   MARCH

행복은 절대 긍정적으로 소유할 수 없다. 우리가 행복하다고 말하는 순간조차 사실은 고통이 잠시 멈춘 공백일 뿐이다. 그러나 인간은 그 짧은 공백에 의미를 부여하고 마치 그것이 삶의 목적처럼 착각한다.

Happiness can never be a positive possession. Even the moments we call happiness are nothing more than brief pauses in suffering. Yet man attaches meaning to those pauses, mistaking them for the very goal of life.

 **나에게 묻고, 다짐하기!**

오늘 내가 느낀 행복은 어떤 고통이 멈춘 뒤에 찾아왔나?

Day 29 OCTOBER

죽음은 모든 이야기를 끝내지만 남겨진 이들의 기억 속에서 또 다른 이야기가 시작된다.

Death closes every story, yet in the memory of the living another story begins.

나에게 묻고, 다짐하기!

남겨진 사람들의 기억 속에 내 인생의 어떤 이야기를 남기고 싶나?

Day 02 MARCH

행복은 절대 오래 머무르지 않는다. 그것은 순간의 번개처럼 스쳐 지나가며 우리가 그것을 붙잡으려는 순간 이미 사라져 버린다.

Happiness never lingers long. It flashes past like a bolt of lightning, and vanishes the very moment we try to grasp it.

나에게 묻고, 다짐하기!

행복을 붙잡으려 애썼다가 오히려 잃어버린 순간이 있었나?

Day 28

OCTOBER

죽음은 인간의 한계를 규정하지만 그 한계가 있기에 오히려 삶은 무한한 의미를 갖는다.

Death sets the limits of humanity, yet within those limits life takes on infinite meaning.

나에게 묻고, 다짐하기!

내 삶에서 가장 중요한 가치는 무엇인가?

Day 03

MARCH

우리가 얻는 가장 큰 행복은 결핍이 충족되는 순간에 찾아온다. 그러나 그 기쁨은 오래가지 못하고 곧 또 다른 결핍이 다시 고개를 든다. 그래서 인간은 늘 충족과 결핍 사이에서 쉼 없이 흔들린다.

The greatest happiness comes in the moment a want is satisfied. Yet this joy soon fades, as another want quickly arises. Thus man swings endlessly between satisfaction and deprivation.

나에게 묻고, 다짐하기!

최근 어떤 결핍을 채웠고 그 기쁨은 얼마나 지속되었나?

Day 27

OCTOBER

삶과 죽음은 서로를 거울처럼 비춘다. 죽음을 통해 삶을 배우고 삶을 통해 죽음을 준비한다.

Life and death mirror each other: through death we learn life, and through life we prepare for death.

나에게 묻고, 다짐하기!

죽을 때 무엇을 남기고 싶나?

Day 04

MARCH

만족은 짧은 순간이지만 욕망은 끝없이 되살아난다. 충족된 순간조차 새로운 갈망의 출발점이 되고 인간은 그 끊임없는 순환을 벗어나지 못한다.

Satisfaction is but a fleeting instant, while desire rises again without end. Even the moment of fulfillment becomes the starting point of a new longing, from which man can never escape.

나에게 묻고, 다짐하기!

다시 찾아오는 욕망을 어떻게 맞이하고 있나?

Day 26

OCTOBER

애도는 죽음을 끝으로 보지 않는다. 사랑했던 존재가 남긴 흔적을 붙잡으며 남은 삶을 더 깊이 배우는 시간이 된다.

Mourning does not see death as an end. In holding the traces of those we loved, we learn life more deeply.

나에게 묻고, 다짐하기!

누군가를 애도하며 어떤 삶의 가르침을 얻었나?

Day 05　　　　　　　　　　　　　　　　　　　　MARCH

행복은 현재에 머무르지 않는다. 그것은 늘 과거의 회상 속에서 더 온전하고 미래의 기대 속에서 더 강렬하다. 그래서 인간은 지금 이 순간의 행복을 거의 느끼지 못한다.

Happiness does not reside in the present. It appears more whole in remembrance and more intense in expectation, so that man scarcely perceives it in the moment it is lived.

....
....
....
....
....
....
....

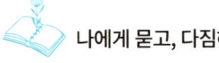 나에게 묻고, 다짐하기!

지나간 행복을 어떻게 회상하고 있나? 그리고 그것은 지금의 나에게 어떤 의미를 주고 있나?

....

Day 25

OCTOBER

죽음은 평화를 가르친다. 더 이상 다툼도, 욕망도, 비교도 없는 자리에서 우리는 고요함의 가치를 알게 된다.

Death teaches peace: in the place beyond strife, desire, and comparison, we learn the value of stillness.

나에게 묻고, 다짐하기!

지금 불필요하게 다투고 있는 것은 무엇일까?

Day 06

MARCH

행복을 좇을수록 행복은 멀어지고 무심할 때 불현듯 다가온다. 욕망을 내려놓는 순간 행복은 잠시 얼굴을 내민다.

The more we pursue happiness, the further it recedes; it comes unexpectedly when we are unaware. Only when desire loosens its grip does happiness briefly show its face.

나에게 묻고, 다짐하기!

행복을 좇고 있는가, 아니면 무심히 살아가며 행복을 맞이하는가?

Day 24

OCTOBER

삶은 죽음을 향해 흐르지만 죽음을 받아들일 때 비로소 삶 전체가 온전해진다.

Life flows toward death, yet only in accepting death does life become whole.

나에게 묻고, 다짐하기!

내 삶을 온전하지 못하게 만드는 요인은 무엇일까?

Day 07　　　　　　　　　　　　　　　　　MARCH

행복의 비밀은 더 많이 갖는 데 있지 않다. 오히려 덜 원하고 적은 것으로 만족할 때 비로소 행복은 우리 곁에 머문다.

The secret of happiness lies not in possessing more, but in desiring less. Only in contentment with little can happiness remain near us.

나에게 묻고, 다짐하기!

오늘 나는 무엇을 덜 원하고 무엇으로 충분하다고 느낄 수 있을까?

Day 23

OCTOBER

허무는 우리를 무너뜨리지 않는다. 오히려 모든 것이 사라질 수 있다는 자각 속에서 우리는 현재를 더 힘껏 살아간다.

Vanity does not destroy us. Realizing that all can vanish makes us live the present more fully.

나에게 묻고, 다짐하기!

오늘 어떤 힘으로 살아가고 있나?

Day 08 — MARCH

고통은 삶의 바탕이다. 우리는 그것을 피하려 애쓰지만 고통은 의지와 함께 다시 고개를 든다. 삶은 고통을 잠시 잊는 순간들로 이어질 뿐이다.

Suffering is the ground of life. We strive to escape it, yet it rises again with the will. Life is nothing but brief moments of forgetting pain, strung together.

나에게 묻고, 다짐하기!

고통이 삶의 일부라는 사실을 어떻게 받아들일 수 있을까?

Day 22

OCTOBER

죽음을 피하지 않고 직면할 때 오히려 삶은 더 자유로워진다. 끝을 인정하는 순간 우리는 두려움에서 벗어난다.

Life grows freer when we face death without evasion. In accepting the end, we are released from fear.

나에게 묻고, 다짐하기!

나는 끝을 직면하는 용기를 어떻게 길러가고 있나?

Day 09

MARCH

삶의 본질은 결핍이다. 충족은 잠시 우리를 기쁘게 하지만 곧 또 다른 결핍이 우리를 괴롭힌다. 그래서 인간은 고통을 벗어날 수 없다.

The essence of life is want. Satisfaction gladdens us for a moment, but soon another want torments us. Thus man can never be free from suffering.

나에게 묻고, 다짐하기!

최근 내가 느낀 결핍은 무엇이었나? 그 결핍은 어떻게 나를 움직이게 했나?

Day 21

OCTOBER

삶과 죽음은 서로 반대가 아니다. 두려움과 화해할 때 우리는 비로소 온전한 삶을 살 수 있다.

Life and death are not opposites. Only when we reconcile with fear do we truly live.

나에게 묻고, 다짐하기!

내가 생각하는 온전한 삶은 과연 무엇일까?

Day 10

MARCH

고통은 단순한 불운이 아니라 존재의 조건이다. 고통이 없다면 우리는 욕망이 생기지 않을 것이고 욕망이 없다면 삶도 지속되지 못한다.

Suffering is not mere misfortune, but the very condition of existence. Without suffering, we would not desire, and without desire, life itself would not endure.

나에게 묻고, 다짐하기!

고통이 내 삶을 움직이고 있는지 자각한 적이 있나?

Day 20

OCTOBER

죽음은 끝이 아니라 유산의 시작이다. 삶은 사라지지만 그 의미는 남은 이들의 삶 속에서 계속된다.

Death is not the end but the beginning of a legacy. Life vanishes, yet its meaning continues in those who follow.

나에게 묻고, 다짐하기!

다음 세대에게 어떤 유산을 남기고 싶나?

Day 11

MARCH

우리가 겪는 모든 고통은 사실 의지의 맹목적 추종 때문이다. 끝없이 요구하는 의지가 멈추지 않는 한 고통은 삶을 떠나지 않는다.

All the suffering we endure springs from the blind striving of the will. As long as the will demands without cease, suffering will never depart from life.

나에게 묻고, 다짐하기!

내 안의 끝없는 요구, 즉 '멈추지 않는 의지'는 지금 어떤 모습으로 드러나고 있나?

Day 19 OCTOBER

인간은 죽음을 넘어 자신의 흔적을 남기려 한다. 그것이 책이든, 관계든, 기억이든, 흔적은 중심이 살아 있었음을 증명한다.

Humans seek to leave traces beyond death-through books, relationships, or memories-that testify to their existence.

나에게 묻고, 다짐하기!

내가 남기고 싶은 흔적은 무엇인가?

Day 12 MARCH

고통은 외부에서 오는 것이 아니라 우리 안에서 비롯된다. 인간은 스스로 만들어낸 갈망의 굴레 속에서 가장 깊은 상처를 입는다.

Suffering does not come from without, but arises within us. Man wounds himself most deeply within the prison of his own craving.

나에게 묻고, 다짐하기!

내 안의 갈망 때문에 스스로 상처 입었던 경험이 있나?

Day 18 OCTOBER

죽음의 확실성은 우리를 재촉한다. 내일로 미루던 일을 오늘 해야 하는 이유가 바로 거기에 있다.

The certainty of death hastens us; it is why what we delay for tomorrow must be done today.

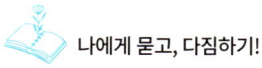 **나에게 묻고, 다짐하기!**

더 이상 미루지 말고 지금 해야 할 일은 무엇인가?

Day 13

MARCH

인간은 고통을 제거할 수 없다. 다만 더 큰 고통을 피하기 위해 작은 고통을 감수하며 살아간다. 그것이 삶의 균형이다.

Man cannot eliminate suffering. He merely accepts lesser pains to avoid greater ones, and this is the balance of life.

나에게 묻고, 다짐하기!

어떤 작은 고통을 받아들이며 더 큰 고통을 피하고 있나?

Day 17 OCTOBER

죽음은 우리에게 늘 미완을 남긴다. 그러나 그 미완이야말로 다음 세대와 미래를 향한 다리다.

Death always leaves our work unfinished, yet that very incompleteness becomes a bridge to the next generation.

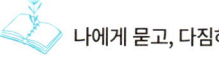 **나에게 묻고, 다짐하기!**

내가 다음 세대에게 남길 '미완의 다리'는 어떤 모습일까?

Day 14   MARCH

고통은 인간을 무너뜨리기도 하지만 동시에 가장 깊은 사유로 이끈다. 고통 없는 삶은 지혜를 낳지 않는다.

Suffering may break man, yet it also leads him to the deepest thought. A life without suffering would never give birth to wisdom.

나에게 묻고, 다짐하기!

내가 겪은 고통 중에서 지금의 지혜를 만든 것은 무엇인가?

Day 16

OCTOBER

삶이 유한하기에 우리는 하루하루를 소중히 여긴다. 무한히 주어진 삶이라면 우리는 결코 진지하게 살지 않을 것이다.

Because life is finite, we value each day. If it were infinite, we would never live it earnestly.

나에게 묻고, 다짐하기!

오늘 하루를 얼마나 가치 있게 살고 있나?

Day 15

MARCH

인간의 삶은 고통과 권태 사이에서 진자처럼 흔들린다. 고통이 줄어들면 권태가 찾아오고 권태가 사라지면 다시 고통이 고개를 든다.

The life of man swings like a pendulum between suffering and boredom. When pain recedes, boredom appears; when boredom vanishes, pain rises again.

나에게 묻고, 다짐하기!

지금 고통과 권태 중 어느 쪽에 더 가까이 서 있나?

Day 15

OCTOBER

죽음은 누구도 피할 수 없기에 두렵다. 그러나 그 두려움이야말로 삶을 더 치열하게 만드는 힘이 된다.

Death is feared because no one can escape it, yet this very fear compels us to live more intensely.

나에게 묻고, 다짐하기!

죽음의 두려움을 어떻게 삶의 원동력으로 바꾸고 있나?

Day 16

MARCH

고통은 우리를 괴롭히지만 권태는 우리를 잠식한다. 권태는 아무 일도 일어나지 않는 공허 속에서 삶을 서서히 부식시킨다.

Pain torments us, but boredom consumes us. In the void where nothing happens, boredom corrodes life little by little.

나에게 묻고, 다짐하기!

권태를 느낄 때 어떤 방법으로 공허를 메우고 있나?

Day 14

OCTOBER

죽음은 허무를 드러내지만, 그 허무 속에서 연민이 피어난다. 모든 생명이 덧없기에 우리는 서로를 더욱 깊이 이해한다.

Death reveals vanity, yet within that vanity compassion arises. Because all life is fleeting, we come to understand each other more deeply.

나에게 묻고, 다짐하기!

문득, 인생이 허무하다고 느낄 때, 타인을 바라보는 시선은 어떻게 달라지나?

Day 17

MARCH

권태는 인간이 지루함을 견디지 못한다는 사실에서 드러난다. 우리는 고통을 피하려 애쓰지만 고통이 사라지면 금세 권태에 시달린다.

Boredom shows that man cannot endure emptiness. We strive to escape suffering, but when it is gone, we are soon plagued by boredom.

나에게 묻고, 다짐하기!

고통이 사라진 자리에 찾아오는 권태를 어떻게 다루고 있나?

Day 13

OCTOBER

애도는 죽은 자를 위한 의식이 아니라 남은 자가 삶을 다시 배우는 길이다.

Mourning is not a rite for the dead, but a way for the living to learn life anew.

나에게 묻고, 다짐하기!

누군가의 죽음을 애도하며 무엇을 배웠나?

Day 18

MARCH

권태는 인간의 내적 결핍을 드러낸다. 충만한 내면을 가진 자는 혼자 있어도 지루하지 않지만 빈 내면은 언제나 권태에 시달린다.

Boredom reveals man's inner emptiness. He who is inwardly rich is never bored when alone, but he who is inwardly poor is forever tormented by boredom.

나에게 묻고, 다짐하기!

나의 내면을 채우기 위해 어떤 노력을 하고 있나?

Day 12

OCTOBER

죽음 앞에서 인간은 겸허해진다. 우리는 더 이상 세상을 지배하려 하지 않고 그저 살아 있음을 감사하게 된다.

Before death, humans grow humble. We cease to seek mastery over the world and simply give thanks for being alive.

나에게 묻고, 다짐하기!

죽음을 자각할 때, 나는 어떤 것에 가장 감사하게 되나?

Day 19 MARCH

권태는 단순히 시간이 남아도는 상태가 아니다. 그것은 삶에서 목적을 잃었다는 신호이며 의미가 사라진 자리에 남는 그림자다.

Boredom is not mere idleness. It is the sign that life has lost its purpose, the shadow left when meaning disappears.

나에게 묻고, 다짐하기!

삶에서 목적을 잃을 때 어떤 권태를 경험했나?

Day 11　　　　　　　　　　　　　　　　　　OCTOBER

죽음을 기억하는 것은 삶을 깊이 사는 길이다. 'Memento mori-죽음을 기억하라'는 곧 삶을 잃지 않는 지혜다.

To remember death is to live life deeply. Memento mori-remember death-is wisdom that keeps us from losing life itself.

'Memento mori'는 서양 철학과 예술에서 삶과 죽음에 대하는 태도를 상징하는 전통적 경구임.

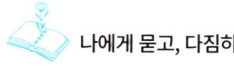 나에게 묻고, 다짐하기!

죽음을 떠올릴 때, 내 삶에서 잃고 싶지 않은 것은 무엇인가?

Day 20 MARCH

고통은 우리를 깨어 있게 하지만 권태는 우리를 무기력하게 만든다. 권태에 빠진 인간은 삶을 살아내기보다 그저 흘려보낸다.

Suffering keeps us awake, but boredom renders us inert. The bored man does not live his life, he merely lets it pass by.

나에게 묻고, 다짐하기!

권태가 나를 무기력하게 만들 때 어떻게 원래의 삶으로 다시 돌아오는가?

Day 10

OCTOBER

영광은 꽃처럼 피었다 시든다. 그러나 죽음은 그 모든 영광을 거두어가며 우리에게 인생의 덧없음을 가르친다.

Glory blooms like a flower and withers; death gathers all glory and teaches us transience.

나에게 묻고, 다짐하기!

덧없는 영광이 사라진 뒤에 사람들의 기억 속에 남을 내 모습은 어떤 것일까?

Day 21

MARCH

삶의 불행은 단순히 고통 때문만이 아니라 권태가 더해져 완성된다. 인간은 두 적 사이에서 벗어나지 못한 채 평생을 살아간다.

Life's unhappiness arises not from pain alone, but from boredom added to it. Man spends his whole life unable to escape these two enemies.

나에게 묻고, 다짐하기!

고통과 권태가 동시에 나를 덮칠 때, 그 둘을 어떻게 구분하고 이겨내는가?

Day 09

OCTOBER

권력과 부는 죽음 앞에서 아무런 힘을 발휘하지 못한다. 허망한 것은 사라지고 남는 것은 오직 인간의 본질뿐이다.

Power and wealth hold no sway before death. The vain fades away; only the essence of humanity remains.

나에게 묻고, 다짐하기!

죽음 앞에서조차 사라지지 않을 '나의 본질'은 무엇일까?

Day 22

MARCH

완전한 행복은 존재하지 않는다. 우리가 얻을 수 있는 것은 오직 덜 불행한 삶일 뿐이다.

Perfect happiness does not exist. The best we can attain is merely a life less unhappy.

나에게 묻고, 다짐하기!

지금 어떤 방식으로 '덜 불행하게' 살고 있나?

Day 08   OCTOBER

죽음은 왕과 거지를 가리지 않는다. 그 앞에서 모든 인간은 동일하다.

Death spares neither king nor beggar; before it, all humans are equal.

나에게 묻고, 다짐하기!

죽음 앞의 모든 이가 평등하다면, 나는 오늘 어떤 태도로 살아야 할까?

Day 23 MARCH

지혜로운 삶은 행복을 늘리려는 데 있지 않고 불행을 줄이는 데 있다.

The wise life is not about increasing happiness, but about reducing unhappiness.

나에게 묻고, 다짐하기!

최근 내 불행을 줄이기 위해 어떤 선택을 했나?

Day 07

OCTOBER

죽음은 삶의 반대가 아니다. 오히려 삶의 일부이며 그것이 있기에 삶은 더욱 빛난다.

Death is not the opposite of life. It is part of life itself, and through it life shines brighter.

나에게 묻고, 다짐하기!

죽음이 있기에 더 소중해지는 '오늘'은 어떤 모습인가?

Day 24

MARCH

행복은 우리가 좇을수록 달아난다. 그러나 불행을 피하려 애쓰면 그 자리에 작은 행복이 남는다.

Happiness flees the more we chase it; but when we strive to avoid misery, small happiness remains.

나에게 묻고, 다짐하기!

불행을 줄이는 과정에서 발견한 작은 행복이 있나?

Day 06

OCTOBER

허무는 절망이 아니라 자유의 시작이다. 모든 것이 덧없기에 우리는 집착에서 풀려난다.

Vanity is not despair but the beginning of freedom. Because all things are fleeting, we are released from attachment.

나에게 묻고, 다짐하기!

나는 무엇에 집착하고 있나?

Day 25 MARCH

행복은 덧셈의 결과가 아니라 뺄셈의 결과다. 불필요한 욕망을 덜어낼수록 삶은 가벼워진다.

Happiness is not the sum of gains, but the result of subtraction. The fewer needless desires we carry, the lighter life becomes.

나에게 묻고, 다짐하기!

오늘 어떤 불필요한 욕망을 내려놓을 수 있을까?

Day 05

OCTOBER

죽음을 떠올릴 때 욕망의 무게는 가벼워지고 삶의 본질이 드러난다.

When death comes to mind, the weight of desire grows light and the essence of life is revealed.

 나에게 묻고, 다짐하기!

내가 꼭 붙잡고 싶은 내 삶의 중심은 무엇인가?

Day 26 MARCH

인간은 고통을 피할 수 없지만 그 고통을 어떻게 해석하느냐에 따라 불행의 크기는 달라진다.

Man cannot escape suffering, but the way he interprets it changes the weight of his unhappiness.

나에게 묻고, 다짐하기!

최근 느낀 고통을 다른 의미로 생각해 본 적 있는가?

Day 04 OCTOBER

죽음은 누구에게나 반드시 찾아올 미래이지만 정작 우리는 그 어떤 준비도 하지 않은 채 맞이한다.

Death is the most certain future, yet the one for which we are least prepared.

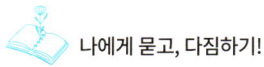 나에게 묻고, 다짐하기!

나는 죽음을 어떻게 준비하고 있나?

Day 27 MARCH

행복은 큰 성취가 아니라 불행이 덜한 순간 속에서 찾아온다. 아무 일도 일어나지 않는 평온이야말로 가장 큰 축복이다.

Happiness is not in grand achievements, but in moments where misery is absent. The quiet of nothing happening is the greatest blessing.

 나에게 묻고, 다짐하기!

나는 일상의 평온을 축복으로 느낀 적이 있나?

Day 03

OCTOBER

삶은 허무하게 끝난다. 그러나 삶이 허무하다는 사실을 외면하지 않는 자만이 진실로 자기 자신의 인생을 산다.

Life ends in vanity. Yet only those who do not turn away from this vanity truly live themselves.

나에게 묻고, 다짐하기!

내 인생이 허무하지 않기 위해, 나는 지금 무엇을 하고 있나?

Day 28　　　　　　　　　　　　　　　　　　MARCH

불행을 피하고 고통을 줄이는 것, 그것이 곧 인간이 얻을 수 있는 최선의 행복이다.

To avoid misery and lessen pain-this is the best happiness man can achieve.

나에게 묻고, 다짐하기!

오늘 내 삶에서 고통을 줄이기 위해 무엇을 할 수 있을까?

Day 02   OCTOBER

인간이 죽음을 의식하지 않았다면 철학도, 예술도, 종교도 태어나지 않았을 것이다.

Without the awareness of death, philosophy, art, and religion would never have come into being.

나에게 묻고, 다짐하기!

죽음을 자각할 때, 나는 무엇을 더 간절히 갈망하나?

Day 29 MARCH

행복은 소유에서 오지 않는다. 불행을 줄이는 태도와 만족할 줄 아는 마음에서 비롯된다.

Happiness does not come from possession, but from the attitude of reducing misery and the heart that knows contentment.

나에게 묻고, 다짐하기!

나는 오늘 내 삶에 만족하고 있나?

Day 01 OCTOBER

죽음은 우리를 파멸시키는 적이 아니라 삶을 더욱 진지하게 바라보게 만드는 거울이다.

Death is not the enemy that destroys us, but the mirror that makes us take life more seriously.

나에게 묻고, 다짐하기!

죽음을 떠올릴 때, 오늘 당신의 삶은 충분히 만족스러운가?

Day 30

MARCH

불행을 견디는 힘이 클수록 행복의 순간은 더 깊어진다. 고통을 통과한 자만이 행복의 가치를 안다.

The greater the strength to endure unhappiness, the deeper the moments of happiness. Only he who has passed through pain knows the value of joy.

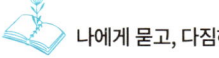 나에게 묻고, 다짐하기!

내가 견뎌낸 고통이 행복을 더 깊게 만든 적이 있나?

OCTOBER
10

죽음과 허무(Death & Vanity)

죽음은 철학의 진정한 영감을 불러일으키는 원천이다.
Death is the true inspiring genius of philosophy.

삶은 덧없고 죽음은 피할 수 없습니다. 그러나 죽음을 직면하고 절망하는 순간, 지금이 소중하다는 사실이 드러납니다. 가을이 깊어지는 9월, 절망을 통해 삶을 다시 배웁니다.

Day 31　　　　　　　　　　　　　　　MARCH

인생은 고통을 피하는 것이 아니라 그 속에서도 덜 불행하게 사는 법을 배우는 여정이다.

Life is not the escape from suffering, but the journey of learning how to live less unhappily within it.

나에게 묻고, 다짐하기!

올해는 어떤 방식으로 '덜 불행하게 사는 법'을 배워가고 있나?

Day 30

SEPTEMBER

과거와 미래는 이미 내 것이 아니다. 이 순간을 살아내는 것만이 나의 몫이며, 그 순간 속에서 나는 영원과 맞닿는다.

The past and future are no longer mine. Living this moment is my only share, and within it I touch the infinite.

나에게 묻고, 다짐하기!

어떻게 하면 이 순간을 영원히 남는 시간으로 만들 수 있을까?

APRIL
4

연민과 도덕(Compassion & Morality)

연민은 도덕의 근간이다.
Compassion is the basis of morality.

쇼펜하우어는 우리가 타인의 고통을 느낄 수 있을 때 비로소 인간다워진다고 말합니다.
만물이 새로 피어나는 4월, 타인을 향한 마음을 새롭게 세워봅니다.

Day 29

SEPTEMBER

시간은 덧없지만 그 덧없음 속에서 우리가 남긴 흔적은 새로운 시작을 불러온다.

Time is fleeting, but within its transience, the traces we leave call forth new beginnings.

나에게 묻고, 다짐하기!

미래를 위해 오늘 어떤 흔적을 남기고 있나?

Day 01

APRIL

연민은 모든 도덕적 행위의 근원이다. 우리가 타인의 고통을 나의 고통처럼 느낄 때 비로소 도덕이 시작된다.

Compassion is the source of all moral action. Only when we feel another's pain as our own does morality truly begin.

나에게 묻고, 다짐하기!

최근에 타인의 고통을 내 일처럼 느낀 순간이 있었나?

Day 28 SEPTEMBER

미래는 아직 존재하지 않지만 그것을 향한 우리의 의지가 현실을 조금씩 바꾼다. 시간은 단지 흐르는 것이 아니라 우리가 만들어 가는 것이다.

The future does not yet exist, yet our will toward it changes reality little by little. Time is not only what flows but what we create.

나에게 묻고, 다짐하기!

내가 만들어가고 싶은 미래는 어떤 모습인가?

Day 02

APRIL

도덕은 이성에서가 아니라 타인의 고통에 대한 직접적 공감에서 비롯된다. 연민은 모든 도덕적 판단의 첫걸음이다.

Morality arises not from reason, but from immediate sympathy with the suffering of others. Compassion is the first step in all moral judgment.

나에게 묻고, 다짐하기!

오늘 타인의 고통을 어떻게 더 민감하게 느낄 수 있을까?

Day 27 SEPTEMBER

끝을 받아들일 때 비로소 우리의 삶은 온전해진다. 거부할 수 없는 것을 수용하는 순간 삶은 더 단단해진다.

Only by accepting the end do we truly live. When we embrace what cannot be resisted, life becomes stronger.

나에게 묻고, 다짐하기!

지금 무엇을 인정하고 받아들이며 살고 있나?

Day 03

APRIL

연민이 없는 정의는 차갑고 연민이 없는 이성은 잔혹하다. 인간을 인간답게 만드는 것은 연민뿐이다.

Justice without compassion is cold, and reason without compassion is cruel. Only compassion makes us truly human.

나에게 묻고, 다짐하기!

이성이나 원칙보다 연민이 앞섰던 경험이 있는가?

Day 26

SEPTEMBER

시간은 우리를 묶는 족쇄 같지만, 동시에 모든 것을 흘려보내는 해방이기도 하다. 지나간 것은 붙잡을 수 없기에 우리는 더 자유롭다.

Time feels like a shackle, yet it is also release: because what has passed cannot be held, we are freed.

나에게 묻고, 다짐하기!

무엇을 흘려보내야 현재가 더 자유로워질 수 있을까?

Day 04

APRIL

연민은 타인과 나를 분리하지 않고 동일한 존재로 바라보게 한다. 도덕의 본질은 그 동일성의 깨달음에 있다.

Compassion sees no division between self and other, but perceives them as one. The essence of morality lies in this recognition of sameness.

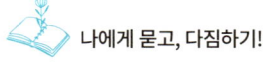 나에게 묻고, 다짐하기!

오늘 누군가를 나와 동등한 존재로 깊이 바라본 순간이 있었나?

Day 25 SEPTEMBER

찰나의 순간조차 사라지지 않는다. 그것은 지나간 듯 보이지만, 우리의 의식과 세계 속에 흔적을 남겨 존재를 증명한다.

Not even a fleeting moment truly disappears. It seems gone, yet it leaves a trace in our consciousness and in the world, proving its existence.

나에게 묻고, 다짐하기!

내 인생에서 '사라지지 않을 흔적'으로 만들고 싶은 순간은 무엇인가?

Day 05

APRIL

도덕적 인간은 법을 두려워해서가 아니라 연민 때문에 타인의 고통을 피하려 한다.

The moral man avoids causing pain not out of fear of law, but out of compassion for others.

나에게 묻고, 다짐하기!

누군가를 배려할 때, 규칙이나 의무가 아닌 순수한 연민에서 행동을 한 적이 있나?

Day 24

SEPTEMBER

기억은 자기 안에만 머무르지 않는다. 우리는 서로의 기억 속에서 살아가며 그것이야말로 시간이 허락한 불멸이다.

Memory does not remain only within the self. We live on in each other's memories, and that is the immortality time allows.

나에게 묻고, 다짐하기!

어떤 모습으로 누군가의 기억 속에 남고 싶나?

Day 06

APRIL

연민은 도덕의 시작이자 끝이다. 그것이 없는 도덕은 껍데기에 불과하다.
Compassion is both the beginning and the end of morality. Without it, morality is but an empty shell.

나에게 묻고, 다짐하기!

내 도덕적 태도가 단순한 규칙 준수가 아니라, 연민에서 비롯되도록 하려면 무엇을 바꿔야 할까?

Day 23 SEPTEMBER

유한성은 인간의 약점이 아니라 오히려 우리의 삶을 빛나게 하는 조건이다. 끝이 있기에 우리는 매 순간을 붙잡으려 한다.

Finitude is not our weakness but the very condition that makes life shine. Because there is an end, we strive to hold each moment.

나에게 묻고, 다짐하기!

내일 지구가 멸망한다면, 나는 지금 무엇을 해야 할까?

Day 07　　　　　　　　　　　　　　　　　　　APRIL

우리가 타인의 고통을 덜어주려는 순간 도덕은 추상에서 현실로 변한다.
When we seek to relieve another's suffering, morality changes from abstraction into reality.

나에게 묻고, 다짐하기!

오늘 누군가의 고통을 덜어주기 위해 무엇을 할 수 있을까?

Day 22   SEPTEMBER

죽음은 시간의 마지막 이정표이지만, 동시에 우리가 이 순간을 소중히 살아야 할 이유를 일깨워준다.

Death is the final milestone of time, yet it reminds us why we must cherish the present.

나에게 묻고, 다짐하기!

이 순간 나에게 가장 소중한 것은 무엇인가?

Day 08

APRIL

연민은 거창한 희생에서가 아니라 눈앞의 작은 배려에서 시작된다. 도덕은 일상 속 그 작은 선택에서 자라난다.

Compassion begins not in grand sacrifice, but in small acts of care. Morality grows from those everyday choices.

나에게 묻고, 다짐하기!

오늘 어떤 '작은 선택'으로 연민을 실천할 수 있을까?

Day 21

SEPTEMBER

끝은 시작의 다른 이름일 뿐이다. 시간은 닫히는 동시에 또 다른 문을 연다.

Every end is but another name for a beginning. Time closes one door only to open another.

나에게 묻고, 다짐하기!

지금 하는 일은 지난 일과 얼마나 연관되어 있나?

Day 09

APRIL

연민은 가까운 이에게서 시작해 결국은 낯선 이에게까지 확장된다. 도덕은 그 확장의 폭에 따라 깊어진다.

Compassion begins with those near us, but extends even to strangers; morality deepens as the circle of compassion widens.

나에게 묻고, 다짐하기!

낯선 이들을 향해 어떤 연민을 실천할 수 있을까?

Day 20

SEPTEMBER

계절이 바뀌듯 우리의 삶도 흐른다. 그러나 매 순간은 다시 오지 않기에 그 안에서 우리는 유일한 가치를 발견해야 한다.

As the seasons change, so does life. Yet since no moment returns, we must find its unique value within it.

나에게 묻고, 다짐하기!

이 순간 무엇을 가장 소중하게 여기고 있나?

Day 10

APRIL

진정한 연민은 대가를 바라지 않는다. 도덕은 계산 없는 마음에서만 순수하다.

True compassion expects no reward. Only from a heart without calculation is morality pure.

나에게 묻고, 다짐하기!

대가를 바라지 않고 누군가에게 베풀었던 경험이 있는가?

Day 19 SEPTEMBER

오늘은 어제의 축적이며 동시에 내일의 씨앗이다. 시간은 흩어지는 것이 아니라 켜켜이 쌓이며 우리를 만든다.

Today is the accumulation of yesterday and the seed of tomorrow. Time does not scatter but layers itself to form who we are.

나에게 묻고, 다짐하기!

내일을 위해 오늘 어떤 씨앗을 심고 있나?

Day 11

APRIL

연민은 말이 아니라 행동으로 드러난다. 고통을 이해하는 데서 그치지 않고 그것을 덜어주려는 실천으로 완성된다.

Compassion is shown not in words but in deeds. It is fulfilled not by understanding suffering, but by striving to relieve it.

나에게 묻고, 다짐하기!

오늘 연민을 어떻게 말이 아닌 행동으로 보여줄 수 있을까?

Day 18   SEPTEMBER

모든 것은 지나가고 사라진다. 그러나 무상함을 아는 자만이 순간의 소중함을 깨닫는다.

All things pass and vanish. Yet only those who know impermanence realize the value of each moment.

나에게 묻고, 다짐하기!

나는 오늘 어떤 태도로 하루를 살고 있나?

Day 12 APRIL

연민은 약자를 향할 때 가장 빛난다. 힘 없는 자의 고통을 외면하지 않는 것이야말로 도덕의 시험대다.

Compassion shines most when directed toward the weak. To not turn away from the suffering of the powerless is the true test of morality.

나에게 묻고, 다짐하기!

약자의 고통을 외면했던 순간이 있었나?

Day 17

SEPTEMBER

추억은 단순한 그림자가 아니다. 그것은 지나간 시간을 새로운 빛으로 물들이며 다시 살아 숨 쉬게 한다.

A memory is not a mere shadow. It colors the past with new light and lets it breathe again.

나에게 묻고, 다짐하기!

내 삶의 힘이 되는 추억은 무엇인가?

Day 13 APRIL

도덕은 강요될 수 없지만 연민은 스스로를 강하게 이끈다. 마음에서 비롯된 연민은 어떤 법보다 강력하다.

Morality cannot be forced, but compassion compels us from within. Compassion born in the heart is stronger than any law.

나에게 묻고, 다짐하기!

스스로 마음에 이끌려 연민을 실천했던 경험이 있나?

Day 16　　　　　　　　　　　　　　SEPTEMBER

성급함은 시간을 흘려보내지만, 고요함은 시간을 붙든다. 깊이는 언제나 느림 속에서만 자라난다.

Haste makes us lose time, while calm allows us to hold it. Only in slowness can depth grow.

나에게 묻고, 다짐하기!

오늘 하루를 어떤 속도로 살아가고 있나?

Day 14 APRIL

연민은 나를 넘어선다. 타인의 고통 속에서 우리는 비로소 자기중심적 의지를 벗어난다.

Compassion transcends the self. In the suffering of others, we step beyond our self-centered will.

나에게 묻고, 다짐하기!

나의 이익보다 타인을 먼저 생각한 적이 있었나?

Day 15 SEPTEMBER

시간은 누구에게나 같은 속도로 흐르지만 그것을 짧게 느끼는가 길게 느끼는가는 우리의 마음에 달려 있다.

Time flows at the same pace for everyone, yet it feels shorter or longer depending on our state of mind.

나에게 묻고, 다짐하기!

어떤 순간에 시간이 가장 빨리 혹은 느리게 흐른다고 느끼나?

Day 15

APRIL

연민 없는 정의는 공허하다. 법이 아무리 완전해도 그것이 인간의 고통에 귀 기울이지 않는다면 정의는 껍데기에 불과하다.

Justice without compassion is empty. However perfect the law may be, if it ignores human suffering, it is but a hollow shell.

나에게 묻고, 다짐하기!

정의로운 규칙보다 연민을 우선한 경험이 있는가?

Day 14

SEPTEMBER

시간은 우리를 앞으로만 밀어낸다. 돌아갈 수 없기에 지금이야말로 가장 소중한 자리다.

Time pushes us only forward. Because we cannot return, the present is the most precious place to be.

나에게 묻고, 다짐하기!

이 순간 나에게 가장 소중한 것은 무엇인가요?

Day 16

APRIL

연민은 공동체를 묶는 보이지 않는 끈이다. 우리가 서로의 고통을 나누려 할 때 비로소 사회는 무너지지 않는다.

Compassion is the invisible thread that binds a community. Only when we share each other's suffering does society endure.

나에게 묻고, 다짐하기!

공동체 안에서 누군가와 고통을 나누었던 경험이 있나?

Day 13   SEPTEMBER

노년은 잃어버린 시간의 무게를 견디는 시기이지만, 동시에 삶 전체가 남긴 기억을 거울처럼 비추는 시기이기도 하다.

Old age bears the weight of lost time, yet it also reflects, like a mirror, the memories of an entire life.

나에게 묻고, 다짐하기!

나이를 먹는 게 두렵지 않으려면 지금 어떤 기억을 쌓아야 할까?

Day 17

APRIL

도덕은 추상적 명제가 아니라 구체적 상황에서 타인의 고통을 외면하지 않는 선택으로 드러난다.

Morality is not an abstract maxim, but a choice in concrete situations not to turn away from another's pain.

나에게 묻고, 다짐하기!

지금 타인의 고통을 외면하고 있지는 않나?

Day 12

SEPTEMBER

되돌릴 수 없는 것이 시간의 본질이다. 그러나 우리는 회상을 통해 그 시간을 다시 살고, 그것을 새로운 의미로 되살릴 수 있다.

Irreversibility is the essence of time. Yet through recollection, we live our moments again and give them new meaning.

나에게 묻고, 다짐하기!

내가 다시 불러내고 싶은 기억은 무엇인가?

Day 18

APRIL

연민은 강자의 권력을 절제하게 하고 약자의 목소리를 지켜주게 만든다. 정의는 바로 그 순간 태어난다.

Compassion restrains the power of the strong and safeguards the voice of the weak. Justice is born in that very moment.

나에게 묻고, 다짐하기!

내가 힘이 있을 때 연민을 느낀 적이 있나?

Day 11

SEPTEMBER

시간은 모든 상처를 덮어주지만 그 흔적까지 없애주지는 않는다. 그래서 기억은 아프지만 동시에 우리를 지탱한다.

Time covers every wound but never erases the scars. Thus memory hurts us, yet sustains us at the same time.

나에게 묻고, 다짐하기!

내 삶의 깊은 흉터가 지금의 나를 지켜준 적이 있나?

Day 19　　　　　　　　　　　　　　　APRIL

연민은 이해관계를 따지지 않는다. 이익이 아니라 고통에 반응하는 순간 도덕은 가장 순수해진다.

Compassion transcends calculation. When we respond to suffering rather than profit, morality becomes purest.

나에게 묻고, 다짐하기!

이해득실보다 연민을 먼저 선택했던 경험이 있나?

Day 10

SEPTEMBER

청춘은 끝나고 나서야 비로소 그것이 얼마나 빠르게 지나갔는지 알게 된다. 시간은 늘 뒤돌아볼 때 가장 잔혹하다.

Youth reveals its swiftness only once it has ended. Time is often most cruel when we look back.

나에게 묻고, 다짐하기!

내 인생의 황금기는 언제였나?

Day 20

APRIL

도덕은 연민에서 시작되지만 정의를 통해 완성된다. 연민이 불씨라면 정의는 그 불씨를 지키는 제도다.

Morality begins in compassion, but is fulfilled in justice. If compassion is the spark, justice is the institution that protects it.

나에게 묻고, 다짐하기!

연민이 제도로 이어져야 한다고 느낀 적이 있나?

Day 09

SEPTEMBER

삶은 끝없는 기다림의 연속처럼 보이지만, 사실 지나고 나면 모든 순간이 이미 나를 스쳐간 시간이었다.

Life often feels like an endless waiting, yet in hindsight, every moment has already passed through me as time.

나에게 묻고, 다짐하기!

나는 무엇을 바라며 시간을 흘려보내고 있나?

Day 21

APRIL

한 사람의 고통을 외면하는 사회는 결국 모두의 고통을 불러온다. 연민은 공동체 전체를 지켜내는 힘이다.

A society that turns away from one person's suffering will in time bring misery to all. Compassion is the power that preserves the whole community.

나에게 묻고, 다짐하기!

나와 직접 상관없는 타인의 고통을 어떻게 대하고 있나?

Day 08

SEPTEMBER

시간은 멈추지 않고 흐른다. 우리는 그것을 붙잡을 수 없지만 그 속에서 한 순간을 온전히 살아낼 수는 있다.

Time never stops flowing. We cannot seize it, yet within its stream we can fully live one moment.

 **나에게 묻고, 다짐하기!**

오늘 내가 온전히 살아내고 싶은 한순간은 언제인가?

Day 22　　　　　　　　　　　　　　　　　　　　APRIL

연민은 인간을 고귀하게 하지만 때로는 나약하게도 만든다. 그러나 그 나약함을 감수하는 용기 속에서 도덕은 빛난다.

Compassion ennobles man, yet at times it makes him vulnerable. But in the courage to bear that vulnerability, morality shines.

나에게 묻고, 다짐하기!

연민이 나를 약하게 만든다고 느낀 적이 있나? 그때 나는 어떻게 대응했나?

Day 07

SEPTEMBER

과거는 기억 속에 머물고 미래는 희망 속에서 빛난다. 그러나 오직 현재만이 내 손에 쥐어진 현실이며, 내가 무엇을 하느냐에 따라 새로운 기억과 미래가 만들어진다.

The past dwells in memory, and the future shines in hope. Yet only the present rests in my hands, and what I do with it creates new memories and futures.

나에게 묻고, 다짐하기!

오늘 내가 붙잡고 있는 '현재'는 어떤 모습인가?

Day 23   APRIL

연민 없는 강함은 폭력이고 연민이 없는 지혜는 차가움이다. 연민은 인간의 힘과 지혜를 바른 길로 인도한다.

Strength without compassion is violence, and wisdom without compassion is coldness. Compassion guides both strength and wisdom to the right path.

나에게 묻고, 다짐하기!

나의 힘과 지혜를 타인에 대한 연민으로 승화시킨 적이 있나?

Day 06   SEPTEMBER

시간은 누구에게나 공평하게 주어진다. 그러나 그 시간을 어떻게 쓰는가는 각자의 선택이며, 그 선택이 모여 결국 각자의 운명을 결정한다.

Time is given equally to all. Yet how it is spent is each one's choice, and those choices together shape our destiny.

나에게 묻고, 다짐하기!

오늘 하루가 나의 운명을 바꿀 수 있다면 무엇을 해야 할까?

Day 24

APRIL

연민은 무한할 수 없다. 그러나 우리가 한 사람의 고통이라도 덜어주려는 순간 도덕은 이미 완성된다.

Compassion cannot be infinite. Yet when we seek to relieve even one person's suffering, morality is already fulfilled.

나에게 묻고, 다짐하기!

나의 '작은 연민'이 큰 의미가 있던 경험이 있나?

Day 05 SEPTEMBER

기억은 시간에 씻겨 사라진 발자취가 아니다. 그것은 무심히 흘러가는 순간 속에서 내가 붙잡아낸 빛이며, 다시 떠올릴 때마다 삶을 지탱하는 등불이다.

Memory is not a trace washed away by time. It is the light I have grasped from fleeting moments, a lantern that sustains me whenever I recall it.

나에게 묻고, 다짐하기!

어떤 순간을 '빛나는 기억'으로 간직하고 싶나?

Day 25　　　　　　　　　　　　　　　APRIL

연민은 때로 오해받는다. 그것을 나약함이라 비웃는 자도 있지만 사실 그것은 인간이 가진 가장 강력한 힘이다.

Compassion is often misunderstood. Some mock it as weakness, but in truth, it is the strongest power man possesses.

나에게 묻고, 다짐하기!

연민을 약점으로 여겼던 적이 있나? 아니면 그것이 힘이 되는 순간을 체험했던 적이 있나?

Day 04

SEPTEMBER

망각은 고통을 덜어주는 은혜이지만 동시에 나를 나답게 만든 기억까지 지워버린다. 잊고 싶은 상처와 붙잡고 싶은 기억 사이에서 늘 선택해야 한다.

Forgetting is a mercy that relieves suffering, yet it may also erase the memories that make me who I am. Between the wounds I wish to erase and the memories I wish to keep, I must always choose.

나에게 묻고, 다짐하기!

내가 잊고 싶은 기억과 잊지 않고 간직하고 싶은 기억은 무엇인가?

Day 26 APRIL

연민은 의무가 아니다. 그것은 스스로 선택하는 마음이며 그 자유로운 선택이 도덕을 진정한 것으로 만든다.

Compassion is not a duty. It is a free choice of the heart, and in that free choice morality becomes genuine.

나에게 묻고, 다짐하기!

의무가 아닌 자유로운 선택으로 연민을 실천한 적이 있나?

Day 03 SEPTEMBER

시간은 단순히 흘러가는 것이 아니다. 그것은 우리를 지나치며 우리 안에 상처와 성장, 지혜와 흔적을 남기며 끊임없이 우리를 빚어가는 장인과 같다.

Time does not merely pass us by. Like a craftsman, it carves within us wounds and growth, wisdom and traces, constantly shaping who we become.

나에게 묻고, 다짐하기!

시간의 흐름이 나를 어떻게 빚어왔는지 돌아본 적이 있나?

Day 27

APRIL

연민은 나와 타인의 경계를 허문다. 타인의 고통을 느낄 때 우리는 더 이상 혼자가 아니다.

Compassion dissolves the boundary between self and other. In feeling another's suffering, we are no longer alone.

나에게 묻고, 다짐하기!

연민을 통해 타인과 연결되었다고 느낀 순간이 있었나?

Day 02

SEPTEMBER

과거는 이미 지나갔고 미래는 아직 오지 않았다. 우리가 가진 것은 언제나 '지금, 이 순간'뿐이며 이 시간을 놓치는 자는 인생 전체를 잃는 것과 같다.

The past has gone, the future not yet arrived. What we truly have is always 'this present moment,' and to lose it is to lose life itself.

나에게 묻고, 다짐하기!

이 순간을 충분히 잘 살아내고 있나?

Day 28

APRIL

연민이 없는 도덕은 살아 있지 못 하다. 그것은 규칙의 틀일 뿐 인간을 움직이는 힘이 되지 못한다.

Without compassion, morality has no life. It remains a rigid framework, never the force that moves humanity.

나에게 묻고, 다짐하기!

규칙이 아니라 연민이 나를 움직였던 순간이 있었나?

Day 01

SEPTEMBER

지나간 날들은 절대 되돌아오지 않는다. 그러나 그날의 기쁨과 슬픔, 좌절과 희망은 모두 나의 내면에 흔적으로 남아 지금의 나를 빚어낸다.

The days that are gone never return. Yet their joys and sorrows, defeats and hopes remain as traces within me, shaping who I am today.

나에게 묻고, 다짐하기!

내 안에 있는 기억 중 나를 단단하게 만든 것은 무엇인가?

Day 29

APRIL

연민은 인간을 가장 인간답게 만드는 자질이다. 그것은 우리의 의지를 넘어서는 진정한 도덕의 목소리다.

Compassion is the most human of all our qualities. It is the true voice of morality, beyond the will.

나에게 묻고, 다짐하기!

내 안에서 연민이 '도덕의 목소리'처럼 들렸던 순간이 있었나?

SEPTEMBER

9

시간과 기억(Time & Memory)

현재만이 유일한 현실이며 과거와 미래가 만나는 지점이다.
The present is the only reality, the point where past and future meet.

과거를 돌아보고, 미래를 기대하는 기쁨 속에 삶이 있습니다.
가을이 시작되는 9월, 흘러가는 시간과 붙잡히지 않는 기억 속에서 나는 무엇을 간직하고 있나요?

Day 30

APRIL

연민은 도덕의 여정이다. 씨앗처럼 시작해 열매처럼 맺히며, 우리의 삶 전체를 꿰뚫는 힘이 된다.

Compassion is the journey of morality. It begins as a seed and ends as fruit, becoming the force that pervades our entire life.

나에게 묻고, 다짐하기!

4월 한 달 동안, 내 삶에서 연민은 어떻게 시작되고 어떻게 열매 맺혔나?

Day 31

AUGUST

자유의 완성은 한계를 지우는 데 있지 않다. 그 한계 속에서 나 자신을 잃지 않는 데 있다.

The fulfillment of freedom is not in erasing limits, but in not losing oneself within them.

나에게 묻고, 다짐하기!

한계 속에서 내 자신을 지켜내기 위해 어떤 노력을 하고 있나?

MAY

5

예술과 관조(Art & Contemplation)

예술을 통해 우리는 끝없는 의지의 흐름에서 벗어난다.
Through art we are lifted out of the endless stream of willing.

예술은 삶의 고통에서 우리를 잠시 해방시켜 줍니다.
푸르른 5월, 예술의 쉼터를 함께 거닐어 봅니다.

Day 30

AUGUST

삶은 필연과 자유의 끊임없는 교차다. 우리는 그 사이에서 자기 길을 만들어야 한다.

Life is a constant crossing of necessity and freedom. Within it, we must carve out our own path.

나에게 묻고, 다짐하기!

필연과 자유가 교차하는 지점에서 나는 어떤 길을 만들고 있나?

Day 01

MAY

예술은 삶의 무게를 잠시 멈추게 한다. 그 순간, 우리는 고통의 강을 건너 잠시 고요한 언덕에 선다.

Art pauses the weight of life for a moment. In that instant, we cross the river of pain and stand on a quiet shore.

나에게 묻고, 다짐하기!

예술을 통해 고통에서 잠시 벗어났던 순간이 있나?

Day 29 AUGUST

인간은 한계를 지닌 존재이기에 자유는 언제나 불완전하다. 그러나 그 불완전함 속에서도 우리는 더 나은 삶을 꿈꾼다.

Because man is finite, freedom is always imperfect. Yet within that imperfection, we dream of a better life.

나에게 묻고, 다짐하기!

불완전한 현실 속에서 어떤 꿈을 품고 있나?

Day 02

MAY

예술은 욕망을 충족시키지 않는다. 오히려 욕망을 멈추게 하여 우리를 그 자체로 만족하게 만든다.

Art does not fulfill desire; rather, it halts desire, leaving us satisfied in itself.

나에게 묻고, 다짐하기!

욕망을 멈추게 하는 예술은 무엇인가?

Day 28

AUGUST

자유는 조건이 아니라 태도다. 세상이 나를 얽매어도 내 선택이 그것을 의미 있게 만든다.

Freedom is not a condition, but an attitude. Even when the world binds me, my choice gives it meaning.

나에게 묻고, 다짐하기!

외부의 제약 속에서 어떻게 내 안의 자유를 지켜냈나?

Day 03 MAY

아름다움은 붙잡으려 할 때 사라진다. 그저 바라볼 때 우리는 비로소 자유로워진다.

Beauty vanishes when we try to seize it. Only in beholding it do we find true freedom.

나에게 묻고, 다짐하기!

아름다움을 붙잡으려 할 때와 그냥 바라볼 때, 내 마음은 어떻게 달라졌나?

Day 27   AUGUST

자유는 주어지는 것이 아니라 매일 새롭게 만들어가는 태도다. 그 태도가 삶을 자유롭게 만든다.

Freedom is not granted, but built daily as an attitude. That attitude makes life free.

나에게 묻고, 다짐하기!

나는 오늘 어떻게 나의 자유를 만들어가고 있나?

Day 04 MAY

예술은 개인적 욕망을 넘어 보편적 인간 경험을 드러낸다. 작품 속에서 우리는 자신을 넘어선 더 큰 세계를 만난다.

Art transcends individual desire and reveals universal human experience. In a work of art, we encounter a world larger than ourselves.

나에게 묻고, 다짐하기!

어떤 예술작품 속에서 '나를 넘어선 세계'를 느낀 적이 있나?

Day 26

AUGUST

행복은 원하는 것을 모두 얻는 데 있지 않다. 제한 속에서도 스스로 만족하는 데 있다.

Happiness is not in having all one desires. It lies in being content within limitations.

나에게 묻고, 다짐하기!

부족함 속에서 만족을 느낀 경험이 있나?

Day 05

MAY

예술은 순간을 영원으로 바꾼다. 덧없이 사라질 장면도 예술 속에선 사라지지 않고 우리의 기억 속에 남는다.

Art transforms the moment into eternity. What would otherwise vanish remains through art, living on in our memory.

나에게 묻고, 다짐하기!

가슴 속에 오래도록 간직할 수 있었던 예술적 장면이 있나?

Day 25

AUGUST

자유는 무한한 가능성에서 오는 것이 아니다. 그것은 선택한 길을 끝까지 걸어갈 때 드러난다.

Freedom does not come from infinite possibilities. It appears when one walks a chosen path to the end.

나에게 묻고, 다짐하기!

내가 선택한 길을 끝까지 걸어가며 자유를 경험한 적이 있나?

Day 06

MAY

예술가는 욕망의 세계를 벗어나 사물 자체를 있는 그대로 비추어낸다. 그 눈길이 우리에게도 해방을 준다.

The artist steps outside the world of desire and reflects things as they are. That vision grants us liberation as well.

 나에게 묻고, 다짐하기!

어떤 예술가의 시선을 통해 세계를 새롭게 본 적이 있나?

Day 24

AUGUST

숙명은 우리를 제약하지만 동시에 길을 제시한다. 그 길을 거부하지 않고 걸어갈 때 고통은 줄어든다.

Fate constrains us, yet at the same time shows us the path. When we walk it without denial, suffering lessens.

나에게 묻고, 다짐하기!

숙명을 받아들이고 새로운 길을 찾은 적이 있나?

Day 07

MAY

예술은 지친 영혼이 머물 수 있는 쉼터다. 고통을 없애지는 못하지만, 무너진 마음을 다시 세워준다.

Art is a refuge for the weary soul. It cannot erase pain, but it rebuilds a heart that has collapsed.

나에게 묻고, 다짐하기!

예술이 내 삶의 고통을 견디게 도와준 경험이 있나?

Day 23

AUGUST

외적 자유는 빼앗길 수 있다. 그러나 내적 자유는 누구도 침범할 수 없다.

External freedom can be taken away. But inner freedom cannot be violated by anyone.

나에게 묻고, 다짐하기!

나는 내 안의 자유를 지키기 위해 어떤 노력을 하고 있나?

Day 08

MAY

음악은 모든 예술 중 가장 근본적으로 의지를 벗어나게 해준다. 그것은 세계의 모사(模寫)가 아니라 의지 자체의 언어다.

Music, beyond all arts, escapes the will most deeply. It is not a mere copy of the world, but the direct language of the will itself.

 **나에게 묻고, 다짐하기!**

음악 속에서 설명할 수 없는 감정의 깊이를 느낀 적이 있나?

Day 22 AUGUST

우리는 원하는 대로 살 수 없다. 그러나 주어진 삶을 어떻게 살아낼지는 선택할 수 있다.

We cannot live entirely as we wish. But we can choose how to live the life given to us.

나에게 묻고, 다짐하기!

나는 주어진 조건 속에서 어떤 방식으로 나만의 인생을 계획하나?

Day 09　　　　　　　　　　　　　　　　　　　　MAY

음악은 우리를 순간적으로 세계의 고통에서 해방시킨다. 그 선율 속에서 우리는 더 이상 욕망하는 존재가 아니라 순수한 영혼이 된다.

Music momentarily releases us from the suffering of the world. In melody we are no longer beings of desire, but pure spirit.

나에게 묻고, 다짐하기!

음악 속에서 욕망이나 걱정이 사라지고, 순수한 자유를 느낀 경험이 있나?

Day 21

AUGUST

한계는 인간의 나약함을 드러내지만 동시에 가능성의 조건이 된다. 끝이 없다면 시작도 없다.

Limits expose human weakness, yet they also become the condition of possibility. Without an end, there can be no beginning.

나에게 묻고, 다짐하기!

한계에 부딪혔을 때, 무엇을 통해 새로운 동력을 얻나?

Day 10

MAY

아름다움은 욕망의 흐름을 멈추게 한다. 그 순간, 충족은 소유가 아니라 단순한 존재에서 온다.

Beauty halts the flow of desire. In that moment, fulfillment comes not from possession but from sheer presence.

나에게 묻고, 다짐하기!

아름다운 장면을 보면서 '그 자체로 충분하다'고 느낀 적이 있나?

Day 20 AUGUST

자유는 억제에서만 드러나지 않는다. 때로는 자신을 열어 새로운 가능성을 받아들일 때 더욱 커진다.

Freedom is not revealed only in restraint. At times, it grows greater when we open ourselves to new possibilities.

나에게 묻고, 다짐하기!

자신을 열어 새로운 가능성을 받아들인 순간이 있었나?

Day 11

MAY

예술은 세계를 새로운 눈으로 보게 한다. 익숙한 사물도 예술 속에서는 낯설고 신선하게 다가온다.

Art teaches us to see the world anew. Even the familiar appears strange and fresh within it.

나에게 묻고, 다짐하기!

어떤 예술 작품을 보고 난 뒤, 일상의 시선이 바뀐 적이 있나?

Day 19

AUGUST

집착은 순간의 만족을 주지만 곧 결핍을 키운다. 그러나 집착을 놓는 순간 마음은 가벼워지고 자유로워진다.

Attachment offers fleeting satisfaction, but soon deepens our sense of lack. When released, the heart grows lighter and free.

나에게 묻고, 다짐하기!

나는 무엇을 내려놓음으로써 자유를 경험했나?

Day 12

MAY

예술의 창조적 힘은 새로운 세계를 연다. 그것은 단순한 재현이 아니라, 이전에 결코 본 적 없는 감각과 의미를 만들어내는 것이다.

The creative power of art opens new worlds. It is not mere reproduction, but the making of sensations and meanings never before seen.

나에게 묻고, 다짐하기!

예술을 통해 이전에 없던 감각이나 세계를 경험한 적이 있나?

Day 18

AUGUST

모든 한계는 벽이 아니라 경계다. 그 경계 안에서 우리는 창조적이 된다.

Every limit is not a wall but a boundary. Within that boundary, we become creative.

나에게 묻고, 다짐하기!

한계에 부딪혔을 때 오히려 새로운 길을 찾은 적이 있나?

Day 13 MAY

예술은 개인의 고통을 넘어선다. 작품 속에 담긴 고통은 더 이상 나만의 것이 아니라 모두의 것이 된다.

Art transcends personal suffering. Pain expressed in a work is no longer mine alone, but becomes the pain of all.

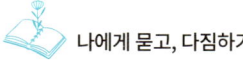
나에게 묻고, 다짐하기!

예술을 통해 내 고통이 보편적인 경험으로 변하는 순간을 느낀 적이 있는가?

Day 17

AUGUST

자유는 충동을 따르는 것이 아니다. 그것은 충동을 제어하는 힘에서 드러난다.

Freedom is not the following of impulses. It reveals itself in the strength to control them.

나에게 묻고, 다짐하기!

충동을 이겨내며 자유를 지켜낸 경험이 있나?

Day 14

MAY

예술은 나 자신을 잊게 한다. 작품 속에 몰입할 때, 자아는 희미해지고 더 큰 세계가 열린다.

Art makes us forget ourselves. Immersed in a work, the self fades and a larger world unfolds.

나에게 묻고, 다짐하기!

예술 속에서 자기 자신을 잊고 더 큰 세계와 하나 된 순간이 있었나?

Day 16

AUGUST

필연은 결코 피할 수 없다. 그러나 우연은 그 속에서 작은 문을 연다. 지혜로운 자는 그 문을 알아본다.

Necessity can never be escaped. Yet within it, chance opens a small door. The wise recognize that door.

나에게 묻고, 다짐하기!

필연 속에서 생긴 우연을 기회로 삼은 적이 있나?

Day 15 MAY

예술은 고통을 지우지 않는다. 다만 그 고통을 다른 빛으로 바라보게 만든다.

Art does not erase suffering. It simply lets us see that suffering in a different light.

나에게 묻고, 다짐하기!

예술 덕분에 나에게 닥친 고통을 다른 시선으로 바라본 적이 있나?

Day 15

AUGUST

욕망은 우리를 자유롭게 하는 듯 보이지만 사실은 우리를 속박한다. 욕망을 다스릴 때 비로소 자유가 시작된다.

Desire seems to make us free, yet in truth it enslaves us. Only when desire is mastered does freedom begin.

나에게 묻고, 다짐하기!

욕망을 절제하며 더 큰 자유를 얻은 순간이 있었나?

Day 16

MAY

예술은 순간의 감정을 영원 속에 고정한다. 슬픔도 작품 속에 담기면 더 이상 파괴가 아니라 아름다움이 된다.

Art fixes fleeting emotions in eternity. Even sorrow, once expressed in art, ceases to destroy and becomes beauty.

나에게 묻고, 다짐하기!

슬픔이 예술을 통해 새로운 의미나 아름다움으로 변하는 것을 경험했나?

Day 14

AUGUST

진정한 자유는 경계 위에서 드러난다. 경계를 넘어서는 순간 자유는 파괴된다.

True freedom reveals itself on the edge of boundaries. The moment it crosses them, freedom turns into destruction.

나에게 묻고, 다짐하기!

내 자유가 타인의 삶을 침해하지 않도록 어떤 노력을 하고 있나?

Day 17　　　　　　　　　　　　　　　　　　　　MAY

예술은 삶의 무게를 잠시 내려놓게 한다. 우리는 관조 속에서 욕망도 불안도 없는 순수한 눈길을 회복한다.

Art lets us lay down life's burdens for a while. In contemplation we regain a vision free of desire and anxiety.

나에게 묻고, 다짐하기!

예술 작품을 보면서 욕망과 불안이 사라지고 오직 관조만 남은 순간이 있었나?

Day 13　　　　　　　　　　　　　　　　　AUGUST

우리는 원하는 대로 행동할 수 있다. 그러나 그 행동이 낳는 책임을 피할 수는 없다.

We may act as we wish. But we cannot escape the responsibility our actions bring.

나에게 묻고, 다짐하기!

스스로 선택한 행동에 대한 책임을 끝까지 짊어진 경험이 있나?

Day 18

MAY

예술은 우리를 시간에서 해방한다. 과거나 미래의 걱정이 아니라 지금 이 순간의 충만을 느끼게 한다.

Art frees us from time. It draws us away from past and future, and fills us with the fullness of the present.

나에게 묻고, 다짐하기!

예술 작품을 보면서 오직 그 순간 최고의 만족을 느낀 적이 있나?

Day 12

AUGUST

한 사람의 자유는 다른 사람의 자유와 맞닿아 있다. 그러므로 진정한 자유는 언제나 공존의 형식을 가진다.

One man's freedom touches another's. Thus true freedom always takes the form of coexistence.

나에게 묻고, 다짐하기!

나의 자유가 타인의 자유와 연결되어 있음을 느낀 적이 있나?

Day 19

MAY

예술은 고통을 공감하게 한다. 작품 속 타인의 고통을 바라볼 때 우리는 혼자가 아님을 깨닫는다.

Art teaches us to empathize with suffering. In the pain of others expressed in art, we realize we are not alone.

나에게 묻고, 다짐하기!

예술을 통해 타인의 고통을 공감하며 '함께 있음'을 느낀 순간이 있었나?

Day 11　　　　　　　　　　　　　　　AUGUST

자유는 하고 싶은 것을 다 하는 것이 아니다. 그것은 해야 할 것을 기꺼이 하는 데 있다.

Freedom is not doing whatever one wants. It is willingly doing what must be done.

 나에게 묻고, 다짐하기!

해야 할 일을 기꺼이 받아들이며 자유를 느낀 경험이 있나?

Day 20   MAY

예술은 인간을 자기 울타리 밖으로 이끈다. 작품 앞에서 우리는 더 큰 세계와 눈을 마주한다.

Art leads us beyond our own walls. Before a work, we meet the gaze of a greater world.

나에게 묻고, 다짐하기!

예술 앞에서 자기중심적인 생각을 내려놓고 더 큰 세계를 만난 경험이 있나?

Day 10　　　　　　　　　　　　　　　　　　AUGUST

운명을 피하려는 자는 또 다른 운명에 사로잡힌다. 자유는 운명을 거부하는 데 있지 않고 그것을 어떻게 받아들이는가에 달려 있다.

He who flees fate is caught by another. Freedom does not lie in rejecting destiny, but in how one accepts it.

나에게 묻고, 다짐하기!

운명을 받아들임으로써 오히려 자유를 느낀 적이 있나?

Day 21

MAY

예술은 고통과 행복을 모두 초월한다. 그것은 삶의 모순을 있는 그대로 비추어내며 우리를 고요한 수용으로 이끈다.

Art transcends both suffering and happiness. It reflects life's contradictions as they are, and leads us into serene acceptance.

 나에게 묻고, 다짐하기!

예술 작품을 보면서 삶의 모순을 그대로 받아들인 적이 있나?

Day 09 AUGUST

선택은 자유에서 시작되지만 결과는 자유롭지 않다. 결과는 언제나 우리를 따라온다.

Choice begins in freedom, but its consequences are never free. They always follow us.

나에게 묻고, 다짐하기!

내가 선택한 결과를 어떻게 책임지고 있나?

Day 22   MAY

예술은 단순한 위안이 아니라 삶을 새롭게 창조하는 힘이다.

Art is not mere consolation, but the power to recreate life.

나에게 묻고, 다짐하기!

예술이 내 삶을 새롭게 바라보게 만든 순간이 있었나?

Day 08

AUGUST

자유는 권리가 아니라 무게다. 책임 없는 자유는 환상일 뿐이다.

Freedom is not a right but a weight. Freedom without responsibility is only an illusion.

나에게 묻고, 다짐하기!

자유를 누리면서 동시에 어떤 책임을 감당하고 있나?

Day 23 MAY

예술은 우리에게 새로운 언어를 부여한다. 말로는 전할 수 없는 것을 이미지와 소리로 표현한다.

Art grants us a new language, expressing through image and sound what words cannot convey.

나에게 묻고, 다짐하기!

평소 느낄 수 없었던 것을 예술 작품을 보면서 새롭게 느낀 적이 있나?

Day 07

AUGUST

인간은 자신이 원하는 삶을 살 수 있다. 그러나 그 삶을 원하게 된 이유는 스스로 정할 수 없다.

Man can live the life he desires. But he cannot choose the reason he desires it.

나에게 묻고, 다짐하기!

내 삶의 욕망이 어디서 비롯되었는지 돌아본 적이 있나?

Day 24　　　　　　　　　　　　　　　　　　　　　MAY

예술은 삶을 거울처럼 비추지만 동시에 그 거울 속에 더 나은 가능성을 열어 준다.

Art mirrors life, yet in that mirror it also reveals greater possibilities.

나에게 묻고, 다짐하기!

예술 속에서 나의 가능성을 본 적이 있나?

Day 06

AUGUST

한계는 장애물이 아니다. 그것은 우리가 어디까지 나아갈 수 있는지를 가르쳐주는 경계다.

Limits are not obstacles. They are the boundaries that teach us how far we may go.

나에게 묻고, 다짐하기!

한계에 부딪혔을 때, 오히려 새로운 방향을 찾은 적이 있나?

Day 25   MAY

예술은 인간에게 자유를 가르친다. 그것은 의지와 욕망의 사슬을 잠시 끊고 존재를 있는 그대로 드러낸다.

Art teaches freedom. It breaks for a moment the chains of will and desire, revealing being as it is.

나에게 묻고, 다짐하기!

예술 속에서 자유로움을 느꼈던 순간이 있나?

Day 05

AUGUST

우리는 자유롭게 보이지만 사실 필연의 사슬 위에 서 있다. 필연을 자각할 때 비로소 지혜가 시작된다.

We appear free, yet we stand upon the chains of necessity. Wisdom begins when necessity is recognized.

나에게 묻고, 다짐하기!

내 삶의 어떤 부분을 필연으로 받아들였나?

Day 26

MAY

예술은 개인을 넘어 우리를 공동의 감각 속에 묶어준다. 작품 앞에서 우리는 고독하지 않다.

Art goes beyond the individual and binds us in shared sensibility. Before a work, we are not alone.

나에게 묻고, 다짐하기!

예술을 통해 타인과 연결되며 외롭지 않다고 느낀 적이 있나?

Day 04

AUGUST

의지는 우리를 끌고 가지만 이성은 때로 그것을 제어한다. 자유는 욕망을 따르는 것이 아니라 욕망을 다스리는 데 있다.

The will drives us forward, but reason at times restrains it. Freedom lies not in following desire, but in governing it.

나에게 묻고, 다짐하기!

욕망을 절제하며 자유를 경험한 순간이 있었나?

Day 27

MAY

예술의 진정한 가치는 결과물이 아니라 그것을 창조하는 과정에 있다.

The true value of art lies not in the product, but in the act of creation itself.

나에게 묻고, 다짐하기!

결과보다 창작의 과정에서 더 큰 기쁨을 느낀 적이 있나?

Day 03　　　　　　　　　　　　　　　　　　AUGUST

자유는 제약이 없는 상태가 아니다. 오히려 제약 속에서 방향을 찾을 때 진정한 자유가 드러난다.

Freedom is not the absence of limits. True freedom emerges when one finds direction within limits.

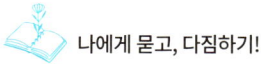 **나에게 묻고, 다짐하기!**

극한의 한계 속에서 오히려 자유를 느껴본 적이 있나?

Day 28 MAY

예술은 우리에게 고통조차 다르게 살아낼 수 있는 길을 보여준다.
Art shows us ways to live even suffering differently.

나에게 묻고, 다짐하기!

예술 덕분에 고통을 견디거나, 새로운 방식으로 해석한 경험이 있나?

Day 02

AUGUST

우리는 자유를 갈망하지만, 사실 모든 행위는 원인에 묶여 있다. 어떤 선택도 그 자체로 독립적이지 않다.

We long for freedom, yet every act is bound to its cause. No choice stands entirely alone.

나에게 묻고, 다짐하기!

내 선택의 배후에 어떤 원인이 있는지 생각해 본 적이 있나?

Day 29

MAY

예술은 우리를 자기중심성에서 해방시키고 더 큰 세계 속으로 던져 넣는다.
Art frees us from self-centeredness and casts us into a greater world.

나에게 묻고, 다짐하기!

예술 덕분에 더 큰 세계와 연결된 감각을 느낀 적이 있나?

Day 01

AUGUST

인간은 원하는 것을 행할 수 있다. 그러나 그 욕망 자체를 선택할 수는 없다. 의지는 자유롭지 않다.

Man can do what he wills. But he cannot choose his own will. The will itself is not free.

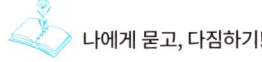 **나에게 묻고, 다짐하기!**

내 의지가 자유롭지 않음을 깨달은 순간이 있었나?

Day 30 MAY

예술은 삶을 잠시 벗어나게 하지만 결국 더 깊이 삶으로 돌아오게 한다.

Art lets us step outside life for a moment, only to return us more deeply into it.

나에게 묻고, 다짐하기!

예술 덕분에 삶을 더 깊이 사랑하게 된 경험이 있나?

AUGUST
8

자유와 한계(Freedom & Limits)

인간은 원하는 것을 할 수는 있지만 원하는 바를 '원하게' 할 수는 없다.
Man can do what he wills but he cannot will what he wills.

우리는 자유롭다고 믿지만 사실 우리의 의지는 많은 제약 속에 있습니다. 여름 끝자락 8월, 내가 진짜로 선택할 수 있는 것과 그렇지 못한 것을 가늠해 봅니다.

Day 31 MAY

예술은 고통과 욕망의 세계를 넘어 자유와 관조의 세계를 열어준다. 그것은 우리에게 또 하나의 삶을 허락한다.

Art transcends the world of pain and desire, opening the realm of freedom and contemplation. It grants us another life.

 나에게 묻고, 다짐하기!

예술을 통해 또 다른 삶을 만난 적이 있나?

Day 31   JULY

인간은 사회 속에서 살아가지만 자기를 잃는 순간 삶은 공허해진다. 관계란 자아를 지우는 것이 아니라 확장하는 것이어야 한다.

Man lives within society, but the moment he loses himself, life turns hollow. Relations should expand the self, not erase it.

나에게 묻고, 다짐하기!

사회적 관계 속에서 오히려 나를 확장시킨 경험이 있나?

JUNE

6

지혜와 철학(Wisdom & Philosophy)

홀로 사는 것은 위대한 정신의 숙명이다.
To live alone is the fate of all great minds.

고독은 피할 수 없지만, 그 속에서 길러지는 것이 지혜입니다. 여름의 초입 6월, 쇼펜하우어의 사유를 빌려 어떻게 더 지혜롭게 살아갈 수 있을지 생각해 봅니다.

Day 30   JULY

사회는 진보와 퇴보 사이에서 끊임없이 흔들린다. 그 흐름 속에서 개인의 선택이 방향을 만든다.

Society swings constantly between progress and decline. Within that flow, the choices of individuals set the course.

나에게 묻고, 다짐하기!

나의 선택이 사회에 긍정적 흔적을 남긴 적이 있나?

Day 01   JUNE

홀로 사는 것은 위대한 정신의 숙명이다. 고독 속에서 인간은 스스로를 완전히 소유한다. 그때 비로소 사유는 가장 깊어진다.

To live alone is the fate of all great minds. In solitude, one truly possesses oneself. Only then does thought reach its greatest depth.

📖 **나에게 묻고, 다짐하기!**

고독 속에서 나 스스로를 온전히 마주한 적이 있나?

Day 29

JULY

권력은 공동체를 위해 쓰일 때만 정당하다. 사적인 욕망에 쓰이는 순간 권력은 폭력이 된다.

Power is legitimate only when used for the community. The moment it serves private desire, it becomes violence.

나에게 묻고, 다짐하기!

내가 가진 권력을 정의롭게 사용하고 있나?

Day 02　　　　　　　　　　　　　　　　　　　　JUNE

철학 없는 삶은 방향을 잃은 항해와 같다. 사유가 사라진 삶은 표류하며 흔들릴 뿐이다. 철학은 우리의 영혼을 붙드는 나침반이다.

Life without philosophy is like a voyage without a compass. A life without reflection drifts without anchor. Philosophy is the compass that steadies our soul.

나에게 묻고, 다짐하기!

지금 내 삶을 이끄는 나침반은 무엇인가?

Day 28　　　　　　　　　　　　　　　　　　　JULY

사회는 계약이 아니라 살아 있는 관계망이다. 서로의 숨결이 닿지 않으면 공동체는 사라진다.

Society is not a contract, but a living web of relations. Without the touch of one another's breath, community disappears.

나에게 묻고, 다짐하기!

공동체를 유지하기 위해 어떤 노력을 하고 있나?

Day 03

JUNE

지혜로운 이는 많은 것을 알지 않는다. 그는 중요한 것과 사소한 것을 구분한다. 지혜는 분별에서 시작된다.

The wise do not know everything. They discern between the essential and the trivial. Wisdom begins with discernment.

나에게 묻고, 다짐하기!

본질과 사소함을 구분하는 눈을 갖고 있나? 내 인생에서 가장 본질적인 것은 무엇인가?

Day 27

JULY

존엄은 사회가 주는 것이 아니다. 존엄은 태어날 때부터 우리 안에 있다. 사회는 그것을 존중할 의무만을 가진다.

Dignity is not granted by society. It is within us from birth. Society has only the duty to respect it.

나에게 묻고, 다짐하기!

내 존엄을 지키기 위해 어떤 일을 하고 있나?

Day 04

JUNE

철학은 삶의 상처에 바르는 연고다. 그것은 고통에 의미를 부여한다. 그리고 고통을 견디게 만든다.

Philosophy is the ointment for the wounds of life. It bestows meaning upon suffering. And it grants us the strength to endure.

나에게 묻고, 다짐하기!

철학이 내 상처를 치유하며 새로운 의미를 부여해 준 순간이 있었나?

Day 26

JULY

공동선은 개인의 이익을 초월할 때 이루어진다. 오직 함께할 때 선은 커진다.

The common good is achieved when individual interests are transcended. Only together does goodness grow.

나에게 묻고, 다짐하기!

공동의 이익을 위해 내 몫을 내려놓은 적이 있나?

Day 05 JUNE

지혜는 단순한 지식을 넘어선다. 그것은 어떻게 살아야 하는가를 묻는다. 삶의 기술은 바로 그 질문 속에 있다.

Wisdom goes beyond the possession of knowledge. It asks how one ought to live. The art of life lies within this very question.

나에게 묻고, 다짐하기!

무언가 선택할 때 '어떻게 살아야 하는가?'라는 질문을 앞에 두고 생각한 적이 있나?

Day 25

JULY

연대는 힘을 합하는 것이 아니라 고통을 함께 짊어지는 것이다. 그때 사회는 하나의 몸처럼 움직인다.

Solidarity is not just joining forces, but carrying suffering together. Only then does society move as one body.

나에게 묻고, 다짐하기!

누군가의 고통을 함께 짊어져 본 적이 있나?

Day 06

JUNE

위대한 정신은 순간의 이익에 매이지 않는다. 그의 시선은 더 큰 가치를 향한다. 보편의 진리가 그의 나침반이다.

Great minds are never chained to passing gain. Their gaze is lifted to higher values. Universal truth is their compass.

나에게 묻고, 다짐하기!

나에게 순간의 이익보다 더 큰 가치는 무엇인가?

Day 24

JULY

불평등은 언제나 사회를 병들게 한다. 약자를 외면하는 순간 강자도 불안해진다.

Inequality always sickens society. The moment the weak are ignored, the strong too are unsettled.

나에게 묻고, 다짐하기!

약자의 자리에 서본 적이 있나? 그 경험이 나를 어떻게 바꾸었나?

Day 07 JUNE

철학은 현실을 떠나지 않는다. 오히려 현실을 더 깊이 이해하게 한다. 그것은 삶의 뿌리에 닿는 물음이다.

Philosophy never departs from reality. It helps us grasp reality more deeply. It is the question that reaches the root of life.

나에게 묻고, 다짐하기!

철학을 통해 무엇을 깨달았나?

Day 23 — JULY

정의는 다수의 목소리가 아니라 옳음의 목소리다. 다수가 틀릴 수 있음을 아는 것이 지혜다.

Justice is not the voice of the majority, but the voice of what is right. Wisdom is knowing the majority can be wrong.

나에게 묻고, 다짐하기!

다수의 의견과 다른 길을 택했던 경험이 있나?

Day 08

JUNE

지혜는 고통에서 자라난다. 상처 없이는 진정한 통찰도 있을 수 없다. 시련을 통해 인간의 정신은 깊어진다.

Wisdom grows out of suffering. Without wounds, there can be no true insight. Through trials, the human spirit deepens.

나에게 묻고, 다짐하기!

내 삶에서 가장 힘들었던 순간, 지혜가 당신의 힘이 된 적이 있나?

Day 22 JULY

의무는 종종 희생을 요구한다. 그러나 그 의무를 다할 때 사회는 무너지지 않는다. 의무를 잊는 순간 공동체는 흔들린다.

Duty often demands sacrifice. But when fulfilled, it keeps society from collapse. The moment duty is forgotten, the community trembles.

나에게 묻고, 다짐하기!

공동체의 일원으로 살아가며 어떤 의무를 감당하고 있나?

Day 09 JUNE

철학은 세상을 멀리하기 위한 것이 아니다. 오히려 세계를 더 선명하게 바라보게 한다. 그것은 삶을 이해하는 투명한 창이다.

Philosophy is not meant to turn away from the world. It allows us to see the world more clearly. It is the transparent window through which life is understood.

나에게 묻고, 다짐하기!

어떤 순간에 세상을 새롭게 바라보게 되었나?

Day 21

JULY

진정한 승리는 타인 위에 서는 것이 아니다. 자기 자신을 이기는 데 있다.
True victory is not standing above others. It lies in conquering oneself.

나에게 묻고, 다짐하기!

어떻게 나 스스로를 넘어설 수 있었나?

Day 10

JUNE

지혜로운 자는 말보다 침묵 속에서 더 많은 것을 배운다. 고요는 단순한 부재가 아니라 깨달음의 공간이다. 진리는 종종 침묵 속에서 나타난다.

The wise learn more from silence than from speech. Quiet is not absence but the space of insight. Truth often reveals itself in silence.

나에게 묻고, 다짐하기!

침묵 속에서 자신을 더 잘 이해하게 된 적이 있었나?

Day 20

JULY

사회적 성공은 박수와 함께 오지만, 실패는 고독 속에서 찾아온다. 그러나 실패한 후의 고독이야말로 인간을 단련시킨다.

Social success arrives with applause, but failure comes in solitude. Yet it is the solitude of failure that trains the soul.

나에게 묻고, 다짐하기!

실패한 뒤 고독 속에서 성장을 경험한 적이 있나?

Day 11   JUNE

철학은 단순한 학문이 아니다. 그것은 삶을 살아가는 태도이며 하루를 견디는 힘이다. 생각하는 자만이 더 오래 버틴다.

Philosophy is not a mere discipline. It is an attitude toward life and the strength to endure each day. Only those who think can endure longer.

나에게 묻고, 다짐하기!

지금 무엇으로 하루하루를 버티고 있나?

Day 19　　　　　　　　　　　　　　　　　　　　JULY

야망은 성장을 이끌지만, 질투로 변하면 우리를 해친다. 남의 빛을 빼앗으려 하지 말고, 그 빛으로부터 배움을 얻어야 한다.

Ambition can inspire growth, but when it turns to envy, it corrodes us. Instead of stealing another's light, we must learn from it.

나에게 묻고, 다짐하기!

타인의 성취를 시기가 아니라 배움으로 바라본 적이 있나?

Day 12 JUNE

지혜는 과거의 실수 속에서 자란다. 넘어진 자리마다 새로운 눈이 뜨인다. 실패는 가장 혹독한 스승이다.

Wisdom grows from the mistakes of the past. Every fall opens new eyes. Failure is the harshest teacher of all.

나에게 묻고, 다짐하기!

내 실패가 깨달음으로 이어진 순간이 있었나?

Day 18　　　　　　　　　　　　　　　　　　　　JULY

경쟁은 인간을 단련하지만 동시에 왜곡하기도 한다. 승부만을 좇으면 삶의 균형은 무너진다.

Competition shapes a man, but it also has the power to distort him. When only victory matters, life loses its balance.

나에게 묻고, 다짐하기!

경쟁 속에서 무엇을 잃지 않으려 애썼나?

Day 13   JUNE

철학은 답을 주기보다 올바른 질문을 가르친다. 삶은 정답이 아니라 물음 속에서 깊어진다. 질문이 사라질 때 지혜도 멈춘다.

Philosophy teaches not answers, but the art of asking rightly. Life deepens not in answers but in questions. When questions fade, wisdom ceases.

나에게 묻고, 다짐하기!

스스로에게 어떤 질문을 던지며 살아가고 있나?

Day 17 JULY

협력은 힘을 합치는 것이 아니라 서로의 부족함을 채워주는 것이다. 진정한 협력은 겸손에서 시작된다.

Cooperation is not merely joining forces, but filling the lacks of one another. True cooperation begins with humility.

나에게 묻고, 다짐하기!

협력 과정에서 나의 부족함을 인정한 적이 있나?

Day 14   JUNE

지혜로운 자는 자신을 안다. 자신을 모른 채 세상을 쫓는 자는 늘 허기진다. 자기 인식은 모든 철학의 출발점이다.

The wise know themselves. Those who chase the world without self-knowledge remain hungry. Self-awareness is the starting point of all philosophy.

나에게 묻고, 다짐하기!

내 삶에서 어떤 점을 더 깊이 알아가야 할까?

Day 16   JULY

용서는 타인을 위한 것이 아니라 자신을 위한 해방이다. 원한은 상대를 묶는 동시에 나 자신도 묶어둔다.

Forgiveness is not for others, but for one's own release. Resentment binds not only the other, but also oneself.

....

....

....

....

....

....

....

....

나에게 묻고, 다짐하기!

용서를 통해 내 마음의 평온을 얻은 경험이 있나?

....

Day 15 JUNE

인간은 자기 자신 속에서 세계를 발견한다. 내면을 관조하는 순간 그는 우주의 거울이 된다. 자기를 아는 것이 곧 세계를 아는 길이다.

Man discovers the world within himself. In the moment of inner contemplation, he becomes the mirror of the universe. To know oneself is the path to knowing the world.

나에게 묻고, 다짐하기!

내 안을 들여다보며 더 큰 세계를 발견한 순간이 있나?

Day 15

JULY

갈등은 인간관계의 불가피한 그림자다. 그러나 갈등을 외면하면 관계는 더 쉽게 무너진다.

Conflict is the inevitable shadow of human relations. But when conflict is ignored, the bond collapses more easily.

나에게 묻고, 다짐하기!

타인과의 갈등을 정면으로 마주해 본 적이 있나?

Day 16

JUNE

지혜로운 자는 욕망을 줄인다. 욕망이 적을수록 고통도 줄어든다. 만족은 결핍이 아니라 절제로부터 온다.

The wise reduce their desires. The fewer the desires, the less the suffering. Contentment comes not from excess, but from restraint.

나에게 묻고, 다짐하기!

절제를 통해 만족을 경험한 적이 있었나?

Day 14

JULY

책임은 무겁지만 책임 없는 자유는 공허하다. 진정한 자유는 책임을 짊어질 때 비로소 완성된다.

Responsibility is heavy, but freedom without responsibility is hollow. True freedom is complete only when responsibility is borne.

나에게 묻고, 다짐하기!

책임을 짊어짐으로써 자유를 경험한 적이 있나?

Day 17

JUNE

철학은 모든 지식의 왕관이다. 과학은 세계를 설명하지만, 철학은 그 의미를 묻는다. 사유 없는 지식은 공허하다.

Philosophy is the crown of all knowledge. Science may explain the world, but philosophy asks its meaning. Knowledge without reflection is empty.

 나에게 묻고, 다짐하기!

내가 가지고 있는 지식에 삶의 의미를 부여한 적이 있나?

Day 13

JULY

사회 속에서 각자는 하나의 역할을 맡는다. 그 역할을 성실히 다할 때 전체가 조화를 이룬다.

Each person takes on a role within society. When that role is fulfilled with sincerity, the whole becomes harmonious.

 나에게 묻고, 다짐하기!

지금 맡은 역할을 어떤 태도로 수행하고 있나?

Day 18 JUNE

지혜는 삶을 단순하게 만든다. 복잡한 욕망은 영혼을 흩어지게 한다. 단순함은 곧 평온이다.

Wisdom makes life simple. Complicated desires scatter the soul. Simplicity is peace itself.

나에게 묻고, 다짐하기!

삶을 단순하게 만들기 위해 무엇을 내려놓아야 할까?

Day 12

JULY

인간은 홀로 설 수 없기에 서로 기대며 살아간다. 그러나 기대는 의존이 아니라 힘의 나눔이어야 한다.

Man cannot stand alone; he lives leaning on others. But leaning must be sharing of strength, not dependence.

나에게 묻고, 다짐하기!

누군가와 서로 의지하며 힘을 나눈 적이 있나?

Day 19

JUNE

철학은 우리를 위로하지 않는다. 그러나 그것은 우리를 진리에 가까이 데려간다. 위로가 아니라 진리가 우리를 단단하게 한다.

Philosophy does not console us. Yet it brings ㄴs closer to truth. It is truth, not consolation, that makes us strong.

나에게 묻고, 다짐하기!

힘들 때 진리가 무엇인지 고민한 적이 있나?

Day 11

JULY

여론은 바람처럼 흔들리고 다수의 소리는 쉽게 바뀐다. 그 속에서 자기 신념을 지켜내는 일이야말로 가장 큰 용기다.

Public opinion sways like the wind, and the voice of the majority shifts with ease. The greatest courage lies in holding fast to one's conviction.

나에게 묻고, 다짐하기!

여론과 다른 길을 걸으면서도 끝까지 신념을 지킨 적이 있나?

Day 20

JUNE

지혜로운 자는 순간의 감정에 흔들리지 않는다. 모든 것을 전체의 맥락에서 바라본다. 한 걸음 물러서면 비로소 길이 보인다.

The wise are not swayed by passing emotions. They view everything in the context of the whole. Only by stepping back does the path reveal itself.

나에게 묻고, 다짐하기!

힘들고 지칠 때, 한 걸음 물러서 새로운 길을 본 적이 있나?

Day 10 JULY

타인에 대한 오해는 쉽게 생긴다. 그러나 오해를 풀기 위해선 두 배의 용기가 필요하다.

Misunderstandings about others arise easily. But it takes twice the courage to resolve them.

나에게 묻고, 다짐하기!

오해를 풀기 위해 먼저 용기를 낸 적이 있나?

Day 21

JUNE

철학은 삶의 무게를 가볍게 하지 않는다. 다만 그 무게를 짊어질 힘을 준다. 그것이 지혜의 가장 큰 선물이다.

Philosophy does not lighten the weight of life. But it gives the strength to bear it. That is the greatest gift of wisdom.

나에게 묻고, 다짐하기!

지금 삶의 무게를 무엇으로 감당해 내고 있나?

Day 09

JULY

신뢰는 사회를 지탱하는 보이지 않는 힘이다. 신뢰가 무너지면 관계도 무너진다.

Trust is the unseen force that upholds society. When trust collapses, relationships collapse with it.

나에게 묻고, 다짐하기!

신뢰를 지켜내기 위해 어떤 노력을 하고 있나?

Day 22 JUNE

지혜는 말 속에서가 아니라 일상의 선택 속에서 드러난다. 작은 결정 하나가 삶의 무게를 바꾼다.

Wisdom is revealed not in words, but in daily chcices. A single decision can change the weight of life.

나에게 묻고, 다짐하기!

오늘 할 수 있는 가장 지혜로운 선택은 무엇일까?

Day 08

JULY

우정은 소유가 아니라 나눔이다. 참된 벗은 우리를 구속하지 않고 자유롭게 한다.

Friendship is not possession but sharing. A true friend does not bind us, but sets us free.

나에게 묻고, 다짐하기!

우정을 통해 진정한 자유를 경험한 적이 있나?

Day 23 JUNE

철학은 먼 곳에 있지 않다. 식탁 위의 대화, 아이의 웃음, 한 잔의 차 속에도 철학이 있다.

Philosophy is not far away. It lives in a meal shared, a child's laughter, a single cup of tea.

나에게 묻고, 다짐하기!

일상에서 어떤 순간에 철학이 깃들어 있음을 느끼나?

Day 07

JULY

우리는 타인의 인정을 갈망한다. 그러나 진정한 자유는 그 인정으로부터 벗어날 때 시작된다. 자유로운 자만이 관계를 온전히 맺을 수 있다.

We crave the recognition of others. Yet true freedom begins when we break free from that craving. Only the free can form genuine relationships.

나에게 묻고, 다짐하기!

언제 타인의 인정에서 벗어나 진정한 자유를 느꼈나?

Day 24 JUNE

지혜로운 이는 타인과 비교하지 않는다. 비교는 불안을 낳고 자기 삶을 가볍게 만든다.

The wise do not compare themselves with others. Comparison breeds anxiety and diminishes one's own life.

나에게 묻고, 다짐하기!

누군가와 비교하면서 자괴감을 느낀 적이 있나?

Day 06

JULY

질투는 타인의 행복을 고통으로 만든다. 그러나 그 고통은 결국 자신을 해친다. 질투는 가장 파괴적인 감정이다.

Envy turns the happiness of others into one's own pain. Yet this pain ultimately destroys oneself. Envy is the most destructive of emotions.

나에게 묻고, 다짐하기!

질투심으로 내 인생에 해를 끼친 경험이 있나?

Day 25   JUNE

철학은 고독 속에서 시작되지만 결국 타인과 함께 살아가는 길을 가르친다. 고독과 공존은 지혜의 두 날개다.

Philosophy begins in solitude, but in the end it teaches us how to live with others. Solitude and coexistence are the twin wings of wisdom.

나에게 묻고, 다짐하기!

고독과 관계 사이에서 어떻게 균형을 이루고 있나?

Day 05　　　　　　　　　　　　　　　　　　JULY

군중 속에서 인간은 자신을 잃는다. 대중의 목소리는 커지지만 그 안에서 개인의 목소리는 사라진다. 그러므로 홀로 서는 용기가 필요하다.

In the crowd, man loses himself. The voice of the masses grows loud, but the voice of the individual fades away.

나에게 묻고, 다짐하기!

군중 속에서 나만의 목소리를 낸 경험이 있나?

Day 26

JUNE

지혜는 말로 가르칠 수 없다. 그것은 태도와 습관 속으로 전해진다.

Wisdom cannot be taught in words. It is passed on through attitude and habit.

나에게 묻고, 다짐하기!

내 태도와 습관이 누군가에게 영향을 준다고 생각해 본 적 있나?

Day 04 JULY

사회적 평판은 하루아침에 무너진다. 그러나 인격은 결코 타인이 빼앗을 수 없다. 진정한 가치는 언제나 내 안에 있다.

Social reputation can collapse overnight. But character can never be stolen by others. True worth always resides within.

나에게 묻고, 다짐하기!

타인의 평판보다 내 인격을 지키려 애쓴 경험이 있나?

Day 27

JUNE

철학은 무거운 책 속에만 있지 않다. 걸음을 멈추고 하늘을 올려다보는 순간에도 있다. 철학은 늘 우리 곁에 있다.

Philosophy does not live only in heavy books. It appears when we pause to look at the sky. Philosophy is always beside us.

나에게 묻고, 다짐하기!

일상을 멈추고 사유하는 시간을 얼마나 만들고 있나?

Day 03

JULY

우리는 끊임없이 타인과 자신을 비교한다. 그러나 비교는 불만과 질투를 키운다. 행복은 비교의 부재에서 온다.

We constantly compare ourselves with others. Yet comparison only feeds discontent and envy. Happiness arises where comparison ceases.

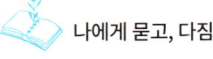 **나에게 묻고, 다짐하기!**

남과 비교하는 대신 나 자신을 먼저 존중한 순간이 있었나?

Day 28

JUNE

지혜로운 자는 자신에게 주어진 시간이 짧다는 것을 안다. 그러므로 서두르지 않고 매 순간을 음미한다.

The wise know the brevity of time given to them. Thus they do not hurry, but savor each moment.

나에게 묻고, 다짐하기!

내 삶에서 어떤 순간을 음미하며 살아가고 싶나?

Day 02

JULY

인간은 사회적 동물이다. 그러나 사회는 동시에 가장 큰 속박이 되기도 한다. 자유와 속박은 늘 관계 속에서 교차한다.

Man is a social being. Yet society can also become his greatest bondage. Freedom and constraint always intersect within relationships.

나에게 묻고, 다짐하기!

인간관계 속에서 어떻게 내 자신의 자유를 지켜내고 있나?

Day 29   JUNE

철학은 삶을 더 높이는 사다리가 아니다. 그것은 단단히 딛고 설 수 있는 땅이다.

Philosophy is not a ladder to climb higher in life. It is the solid ground on which we can stand.

나에게 묻고, 다짐하기!

나는 무엇 위에 내 삶을 세우고 있나?

Day 01 JULY

명예는 사람 자체에 있는 것이 아니다. 그것은 타인의 의견 속에만 존재한다. 그러므로 명예는 언제나 불안정하다.

Honor is not in the man himself. It exists only in the opinion of others. Thus honor is always precarious.

나에게 묻고, 다짐하기!

타인의 시선보다 나 자신의 판단을 더 중시했던 경험이 있나?

Day 30

JUNE

지혜는 결코 완결된 상태가 아니다. 날마다 새롭게 가꾸어야 할 삶의 훈련이다. 지혜는 삶과 더불어 자란다.

Wisdom is not a finished state. It is a practice to be cultivated each day. Wisdom grows alongside life itself.

나에게 묻고, 다짐하기!

오늘 지혜를 키우기 위해 어떤 연습을 하고 있나?

JULY
7

인간관계와 사회(Relationships & Society)

명예는 사람 자체에 있는 것이 아니라 타인의 의견 속에 있다.
Honor is not in the man but in the opinion of others.

인간은 사회적 관계 속에서 갈등하며 살아갑니다. 1년의 새로운 반을 시작하는 7월, 타인과의 관계 속에서 어떻게 나를 잃지 않고 살아갈 수 있을지 고민합니다.